Desenvolvimento Regional Sustentável

Dados e reflexões alternativas em torno das Microrregiões Caparaó, Central Serrana e Sudoeste Serrana no Espírito Santo
(Educação, cultura, agricultura, planejamento, logística e fundos financeiros)

Organizadores
Leonardo Bis dos Santos e Robson Malacarne

Leonardo Bis dos Santos
Robson Malacarne
(Organizadores)

DESENVOLVIMENTO REGIONAL SUSTENTÁVEL:
dados e reflexões alternativas em torno das Microrregiões Caparaó, Central Serrana e Sudoeste Serrana no Espírito Santo

(Educação, cultura, agricultura, planejamento, logística e fundos financeiros)

Editora CRV
Curitiba – Brasil
2022

Copyright © da Editora CRV Ltda.
Editor-chefe: Railson Moura
Diagramação e Capa: Designers da Editora CRV
Imagem de Capa: Freepik/Freepik.com
Revisão: Os Autores

DADOS INTERNACIONAIS DE CATALOGAÇÃO NA PUBLICAÇÃO (CIP)
CATALOGAÇÃO NA FONTE
Bibliotecária responsável: Luzenira Alves dos Santos CRB9/1506

D441

Desenvolvimento Regional Sustentável: dados e reflexões alternativas em torno das Microrregiões Caparaó, Central Serrana e Sudoeste Serrana no Espírito Santo (Educação, cultura, agricultura, planejamento, logística e fundos financeiros) / Leonardo Bis dos Santos, Robson Malacarne (organizadores) – Curitiba : CRV, 2022.
166 p.

Bibliografia
ISBN Digital 978-65-251-2268-7
ISBN Físico 978-65-251-2272-4
DOI 10.24824/978652512272.4

1. Desenvolvimento sustentável 2. Planejamento regional 3. Logística 4. Fundos financeiros I. Santos, Leonardo Bis dos. org. II. Malacarne, Robson. org. III. Título IV. Série

2022- 27260

CDD 333.715
CDU 502.13

Índice para catálogo sistemático
1. Desenvolvimento sustentável – 333.715

ESTA OBRA TAMBÉM SE ENCONTRA DISPONÍVEL EM FORMATO DIGITAL.
CONHEÇA E BAIXE NOSSO APLICATIVO!

2022
Foi feito o depósito legal conf. Lei 10.994 de 14/12/2004
Proibida a reprodução parcial ou total desta obra sem autorização da Editora CRV
Todos os direitos desta edição reservados pela: Editora CRV
Tel.: (41) 3039-6418 – E-mail: sac@editoracrv.com.br
Conheça os nossos lançamentos: **www.editoracrv.com.br**

Conselho Editorial:

Aldira Guimarães Duarte Domínguez (UNB)
Andréia da Silva Quintanilha Sousa (UNIR/UFRN)
Anselmo Alencar Colares (UFOPA)
Antônio Pereira Gaio Júnior (UFRRJ)
Carlos Alberto Vilar Estêvão (UMINHO – PT)
Carlos Federico Dominguez Avila (Unieuro)
Carmen Tereza Velanga (UNIR)
Celso Conti (UFSCar)
Cesar Gerónimo Tello (Univer .Nacional Três de Febrero – Argentina)
Eduardo Fernandes Barbosa (UFMG)
Elione Maria Nogueira Diogenes (UFAL)
Elizeu Clementino de Souza (UNEB)
Élsio José Corá (UFFS)
Fernando Antônio Gonçalves Alcoforado (IPB)
Francisco Carlos Duarte (PUC-PR)
Gloria Fariñas León (Universidade de La Havana – Cuba)
Guillermo Arias Beatón (Universidade de La Havana – Cuba)
Helmuth Krüger (UCP)
Jailson Alves dos Santos (UFRJ)
João Adalberto Campato Junior (UNESP)
Josania Portela (UFPI)
Leonel Severo Rocha (UNISINOS)
Lídia de Oliveira Xavier (UNIEURO)
Lourdes Helena da Silva (UFV)
Marcelo Paixão (UFRJ e UTexas – US)
Maria Cristina dos Santos Bezerra (UFSCar)
Maria de Lourdes Pinto de Almeida (UNOESC)
Maria Lília Imbiriba Sousa Colares (UFOPA)
Paulo Romualdo Hernandes (UNIFAL-MG)
Renato Francisco dos Santos Paula (UFG)
Rodrigo Pratte-Santos (UFES)
Sérgio Nunes de Jesus (IFRO)
Simone Rodrigues Pinto (UNB)
Solange Helena Ximenes-Rocha (UFOPA)
Sydione Santos (UEPG)
Tadeu Oliver Gonçalves (UFPA)
Tania Suely Azevedo Brasileiro (UFOPA)

Comitê Científico:

Ana Maria Ferreira Menezes (UNEB)
Ana Monteiro Costa (UPE)
Anderson Catapan (UTFPR)
André Nunes (UnB)
Antonio Isidro da Silva Filho (UNB)
Armando João Dalla Costa (UFPR)
Breno de Paula Andrade Cruz (UFRJ)
Carlos Alberto Ramos (UNB)
Clailton Ataídes de Freitas (UFSM)
Claudio Gontijo (UFSJ)
Daniel Arruda Coronel (UFSM)
Eduardo Armando (FIA)
Jose Carlos de Souza Santos (USP)
Luis Cláudio de Jesus Silva (UFRR)
Maria de Lourdes Rollemberg Mollo (UnB)
Marlete Beatriz Maçaneiro (UNICENTRO)
Mauricio Sardá de Faria (UFRPE)
Renata gomes de Jesus (IFES)
Vanessa de Oliveira Menezes (UNICENTRO)
Walter Bataglia (MACKENZIE)

Este livro passou por avaliação e aprovação às cegas de dois ou mais pareceristas *ad hoc*.

Agradecemos especialmente à Fundação de Amparo à Pesquisa e Inovação do Estado do Espírito Santo — FAPES, pelo apoio institucional dado a esta pesquisa e na publicação deste livro, a partir do projeto Desenvolvimento Regional Sustentável — DRS.

Não seriam poucos os exemplos que poderiam ser citados, de planos, de natureza política ou simplesmente docente, que falharam porque os seus realizadores partiram de uma visão pessoal da realidade. Porque não levaram em conta, num mínimo instante, os homens em situação a quem se dirigia seu programa, a não ser com puras incidências de sua ação.

Paulo Freire
Pedagogia do Oprimido

SUMÁRIO

APRESENTAÇÃO...13
Érika de Andrade Silva Leal

CAPÍTULO 1
EM TERRAS POMERANAS:
o arranjo centro-serrano
e a importância do
planejamento regional..17
Diones Augusto Ribeiro

CAPÍTULO 2
COVID-19 E O ENSINO REMOTO:
um estudo de caso dos impactos da pandemia
na educação no estado do Espírito Santo....................................63
Mariana Luz Patez
Leonardo Bis dos Santos

CAPÍTULO 3
SINGULARIDADES DA
ECONOMIA CRIATIVA NA
MICRORREGIÃO DO CAPARAÓ...89
Emanuel Vieira de Assis
Isabela Ariane Bujato
Robson Malacarne

CAPÍTULO 4
CARACTERIZAÇÃO DA AGRICULTURA
NA MICRORREGIÃO DO CAPARAÓ CAPIXABA
E A SUSTENTABILIDADE DOS
AGROECOSSISTEMAS FAMILIARES 97
Arnaldo Henrique de Oliveira Carvalho
Pedro Guedes Ribeiro

CAPÍTULO 5
OS FUNDOS PÚBLICOS
COM INSTRUMENTO PARA
O DESENVOLVIMENTO
REGIONAL SUSTENTÁVEL..121
Maria Claudia Lima Couto

CAPÍTULO 6
IMPORTÂNCIA DAS INFRAESTRUTURAS LOGÍSTICAS PARA O DESENVOLVIMENTO REGIONAL SUSTENTÁVEL 147

Robson Malacarne
Camilla Queiroz Machado Pimentel
João Vitor Coutinho Dias
Luis Guilherme Velten Silva

ÍNDICE REMISSIVO 161

SOBRE OS AUTORES 163

APRESENTAÇÃO

O processo de desenvolvimento é intrigante, cativa mentes e encanta corações. Desenhar e executar políticas públicas que permitam no presente atender as necessidades das pessoas sem comprometer as demandas das gerações futuras são tarefas desafiadoras que extrapolam os limites da ciência econômica. É com esta constatação que concebemos os estudos sobre o desenvolvimento como uma obra multidisciplinar e que sempre possui questões a serem resolvidas.

O Governo do Estado do Espírito Santo vem permanentemente fazendo um esforço de elaborar e revisar seus Planos de Desenvolvimento, especialmente após os anos 2000. A primeira estratégia de longo prazo nesse sentido foi a criação do Plano de Desenvolvimento Espírito Santo 2025, finalizado em 2006, cuja intenção foi estabelecer projetos, metas e cenários para 2025.

Em 2013, esse plano foi revisado pelo Governo Estadual, com a incorporação de novas ações e de um novo horizonte — o de 2030 — e baseado nos contextos atuais das economias capixaba, brasileira e mundial. O estudo passou a ser chamado *Plano de Desenvolvimento Espírito Santo 2030* (ES 2030), cujo objetivo foi construir as bases sólidas para o crescimento da economia e para a conquista do equilíbrio entre as regiões, os municípios e as pessoas.

Mais recentemente e seguindo as diretrizes do Plano Nacional de Desenvolvimento Regional, o Governo do Estado pensou a elaboração de um plano em prol de um desenvolvimento regional mais equilibrado, de modo que seus benefícios sejam distribuídos para todo o território. Esse plano considera que a redução das desigualdades passa pela valorização da diversidade regional e pelo fortalecimento do vínculo dos morados com a localidade. Logo, a proposta é que as ações de planejamento sejam voltadas para a valorização do potencial endógeno das regiões.

Para construção do Plano, o Estado elaborou um convênio de parceria entre o Instituto Jones dos Santos Neves (IJSN) — vinculado à Secretaria de Estado de Economia e Planejamento (SEP) do Espírito Santo –, o Instituto Federal do Espírito Santo (Ifes) e a Universidade Federal do Espírito Santo (Ufes). Tal associação tinha como metas fortalecer os estudos locais com foco no desenvolvimento regional e ampliar as redes de pesquisas acadêmicas para o interior capixaba, uma vez que existem campi dessas instituições educacionais nas microrregiões.

No final de 2019, o Prof. Leonardo Bis, aceitou o desafio do Governo do Estado do Espírito Santo de reunir um grupo multidisciplinar para estudar as 03 microrregiões capixabas, Caparaó, Central Serrana e Sudoeste Serrana, denominadas no Projeto Desenvolvimento Regional Sustentável (DRS), de

Arranjo 2. O presente livro, que tenho a gratidão por ter sido convidada para fazer a apresentação, é fruto dos estudos realizados por uma parte do grupo de pesquisadores liderados pelo Prof. Leonardo e Prof. Robson Malacarne na fase diagnóstica do projeto.

Antes de iniciar a síntese dos 6 capítulos que compõem a obra, eu gostaria de destacar que o Projeto DRS foi concebido em 5 eixos temáticos: território, econômico, social, ambiental e gestão pública. Os temas selecionados neste livro são representativos desses eixos.

Ademais, como ressaltado por todos os autores, um dos limitadores para a elaboração de nossas pesquisas em 2020/2021 foi a pandemia do coronavírus. Ainda assim, a equipe usou a criatividade e fez uso de todas as mídias disponíveis para que fosse possível garantir, com as devidas restrições, a participação social tão cara para nós pesquisadores das ciências sociais aplicadas, sobretudo nas pesquisas que envolvem o planejamento da política pública, o que necessariamente parte do princípio da escuta dos anseios da sociedade.

Feitas essas considerações, a obra se inicia com um capítulo intitulado *Em terras pomeranas: o Arranjo Centro-Serrano e a importância do planejamento regional*, de Diones Augusto Ribeiro, que resgata a história do planejamento da política pública no estado do Espírito Santo desde os anos 1950, apresenta uma caracterização econômica e social das microrregiões do Caparaó, Central Serrana e Sudoeste Serrana e finaliza sintetizando, a partir dos dados levantados e da participação social, uma síntese de proposições para o desenvolvimento sustentável dessas microrregiões que compõem o Arranjo 2, que é o território de estudo desse grupo de pesquisadores.

Na sequência, o Capítulo 2, intitulado *Covid-19 e o ensino remoto: um estudo de caso dos impactos da pandemia na educação no estado do Espírito Santo*, é de autoria de Mariana Luz Patez e Leonardo Bis dos Santos. Com base especialmente em dados da Anatel (2020) referentes à velocidade de acesso à internet nas escolas atendidas pelo Programa Banda Larga nas Escolas Rurais nas três microrregiões analisadas e dados primários (questionários e grupos focais), os autores mostraram que os estudantes e os professores foram os grupos mais afetados pela pandemia no ambiente escolar. O capítulo discute com riqueza de detalhes os desafios de toda ordem que os estudantes, professores e gestores escolares enfrentaram neste período. Apresenta também alguns elementos de respostas dadas até o momento da escrita do artigo pelo setor público, e, conclui afirmando que dadas as fragilidades de infraestrutura em que se encontrava o território analisado no contexto da pandemia, o ensino remoto privilegia a promoção da educação a uma parte da sociedade em detrimento da outra, acirrando as desigualdades sociais, e descredibilizando o discurso de equidade.

O Capítulo 3, intitulado *Singularidades da economia criativa na microrregião do Caparaó*, de autoria de Emanuel Vieira de Assis, Isabela Ariane Bujato e Robson Malacarne, inicia-se com um debate teórico a respeito do tema. A partir de dados secundários, os autores caracterizam as principais atividades representativas da Economia Criativa nos municípios da microrregião, restando claro para o leitor que a principal atividade desse setor naquele território é a gastronômica, sendo historicamente o rendimento médio do segmento no Espírito Santo se posicionando abaixo da média região sudeste e do Brasil. Nesse cenário, políticas públicas precisam ser direcionadas no sentido de fortalecer as atividades já existentes e estimular novas oportunidades de negócios criativos no Caparaó Capixaba.

Não podemos falar do interior capixaba sem uma análise da agricultura. Isso é feito no Capítulo 4, que é intitulado *Caracterização da agricultura na microrregião do Caparaó Capixaba e a sustentabilidade dos agroecossistemas familiares*, de autoria de Arnaldo Henrique de Oliveira Carvalho. Este setor é a base econômica de mais de 2/3 dos municípios do Espírito Santo, sendo necessária uma agenda de desenvolvimento para o setor baseada na ciência, na tecnologia e na inovação no campo. Carvalho apresenta, com base em dados secundários e primários (questionários e grupos focais), um retrato da agropecuária do Caparaó, seus principais gargalos em termos de infraestrutura de energia, telecomunicações, segurança, saúde, acesso ao crédito, e conclui argumentando que promover o desenvolvimento regional sustentável é possível, desde que haja vontade política e propostas que envolvam toda a comunidade na busca das soluções e enfrentando os desafios. As alternativas devem ser trabalhadas de forma participativa, colaborativa e organizada, envolvendo todos os atores sociais, utilizando critérios técnicos e ações aprofundadas de pesquisa e desenvolvimento.

Uma das dimensões cruciais do desenvolvimento sustentável diz respeito à econômica, àquilo que os economistas costumam de chamar de recursos necessários para as coisas acontecerem. Nessa toada, o Capítulo 5, intitulado *Os fundos públicos com instrumento para o desenvolvimento regional sustentável*, da autora Maria Claudia Lima Couto, traz um rico levantamento dos fundos públicos estadual e municipais e sua relação com os eixos temáticos do Projeto DRS, mais especificamente o eixo ambiental. A autora mostra que no Espírito Santo havia 44 municípios, isto é, 56,4% dos 78 municípios capixabas com fundo municipal de meio Ambiente em 2017. Destes 44 municípios apenas 12 (27,3%) utilizaram recursos do fundo para ações ambientais no ano anterior, 2016 (IBGE, 2018). Concluiu seu estudo sugerindo como diretriz a criação de mecanismos de acesso à informação e de divulgação sobre os fundos públicos estaduais e municipais, e a aplicação dos seus recursos, os quais tenham por finalidade o apoio a projetos que possam impulsionar desenvolvimento regional sustentável.

Caminhando o fechamento da obra, o Capítulo 6, intitulado *Importância das infraestruturas logísticas para o desenvolvimento regional sustentável*, de autoria de Robson Malacarne, Camila Queiroz Machado Pimentel, João Vítor Coutinho Dias, Luis Guilherme Velten Silva, é construído a partir de dados secundários e primários (aplicação de questionários e entrevistas em profundidade). Os autores apresentam as rodovias que cortam os municípios da microrregião, seus limites territoriais e sua vocação econômica. Em que pesem os investimentos em infraestrutura logística anunciados para a localidade pelo Governo Estadual, eles destacam as precariedades das estradas da microrregião, especialmente as estaduais, a deficiência dos transportes coletivos, a ausência de planos de mobilidade, entre outras fragilidades relacionadas à logística de transportes que não favorecem o escoamento da produção e as atividades turísticas do território.

Compreender um pouco mais sobre um território com o intuito de levantar subsídios para o desenho de políticas voltadas para o desenvolvimento é uma tarefa empolgante. A obra organizada pelos Professores Leonardo Bis e Robson Malacarne certamente oferece esses subsídios para o Arranjo 2, especialmente para o Caparaó Capixaba. Assim, desejo uma boa leitura a todos!

Érika de Andrade Silva Leal
Professora do Instituto Federal do Espírito Santo/Campus Cariacica
Coordenadora do Laboratório do Desenvolvimento Capixaba

CAPÍTULO 1

EM TERRAS POMERANAS:
o arranjo centro-serrano e a importância do planejamento regional

Diones Augusto Ribeiro[1]

Introdução

Nossa pesquisa surgiu a partir de um estudo macro que foi feito com a perspectiva de sistematizar informações para compor o diagnóstico integrado dos Plano de Desenvolvimento Regional Sustentável (PDRS), tendo como coparticipantes a Fundação de Amparo à Pesquisa e Inovação do Estado do Espírito Santo (FAPES), a Secretaria de Economia e Planejamento (SEP), a Secretaria de Ciência Tecnologia Inovação e Educação Profissional (SECTI), o Instituto Jones dos Santos Neves (IJSN), a Universidade Federal do Espírito Santo (UFES), o Instituto Federal de Educação, Ciência e Tecnologia do Espírito Santo (Ifes). Dados foram levantados com o propósito de fomentar o Plano de Desenvolvimento Regional Sustentável do Estado do Espírito Santo (PDRS/ES), orientado para o Arranjo 2, que inclui as microrregiões Caparaó, Central Serrana e Sudoeste Serrana do Estado do Espírito Santo

Nosso diagnóstico contemplou a área temática da Microrregião Central Serrana (Itaguaçu, Itarana, Santa Leopoldina, Santa Maria de Jetibá, Santa Teresa), relacionando-o com as outras microrregiões privilegiadas pelo arranjo (Caparaó e Sudo este Serrana) e com as particularidades históricas, políticas, econômicas e sociais do Espírito Santo.

Fizemos um breve estudo histórico sobre a ocupação e as políticas públicas destinadas ao desenvolvimento econômico e social do espaço de nossa pesquisa, entre os anos de 1950 e 2021. Além disso, elucidamos as principais potencialidades econômicas da região, especialmente aquelas ligadas à agricultura familiar, atividades granjeiras, agronegócio, hortaliças e o turismo ecológico, elementos fundamentais para o desenvolvimento local, além dos desafios ligados às questões hídricas e de infraestrutura.

---
1 E-mail: diones.ribeiro@ifes.edu.br.

Caminhos metodológicos

Sabemos que o passado, mesmo sendo recente, não pode ser construído de maneira totalitária. Mesmo que os documentos sejam contemporâneos, muitas informações nos chegam, de acordo com Ricoeur, através de traços, ou seja, vestígios (RICOUER, 2010). Além disso, nossa pesquisa se enquadra na categoria conceitual proposta por Chauveu e Tètard de história do presente ou história imediata, intimamente ligada à história política, devido à abundância de fontes e por ela ser ligada à contemporaneidade (CHAUVEU; TÈTARD, 1999).

Além disso, tal qual um indiciarista, procuramos, inspirados nas ideias de Ginzburg, colaborar com a pesquisa por meio de rastros e fragmentos históricos, quando as fontes e análises quantitativas não nos dão todas as respostas, notoriamente com os chamados "invisibilizados"[2]. Buscamos inserir o a temática no macrocosmo da história política, econômica e social do Espírito Santo e do Brasil, tendo em vista a importância de compreendermos os acontecimentos para uma melhor análise de nossa realidade e particularidades (GINZBURG, 2012). É uma maneira de analisar a história do estado, dentro do recorte temporal a que nos propusemos, para uma melhor análise das instituições contemporâneas, do presente e do passado. Assim, compactuamos com a opinião de Hess e Franco quando afirmam que a opção

> Optamos por um estudo regional por entendermos que ele possibilita nova análise de cunho nacional, podendo apresentar todas as questões fundamentais da história, com os movimentos sociais, a ação do Estado, as atividades econômicas, a identidade cultural, etc., a partir de ângulo que faz aflorar o específico, o particular, e permite trabalhar as diferenças e a multiplicidade (HESS; FRANCO, 2003, p. 13).

Todavia, o pesquisador é um formador de opinião, e as fontes são indispensáveis para a formulação de narrativas. Assim, os documentos é que moldam uma determinada pesquisa, dentro é claro das motivações ideológicas do pesquisador e suas escolhas metodológicas. Para Georg Lukács, "toda citação é, ao mesmo tempo, uma interpretação" (LUKACS, 1989, p. 9), ou seja, as citações, a partir das fontes, podem exprimir diferentes demandas e expectativas, já que elas são oriundas de pesquisas e das fontes orais ou escritas. É preciso um olhar crítico do cientista para que elas sejam utilizadas dentro de contextos que evitem anacronismos e interpretações repletas de ideologias.

---
2 Chamamos de "invisibilizados" as lideranças locais e personalidades, das mais diferentes áreas, não contempladas na documentação no enviada pelo Instituto Jones, ou seja, são os contatos não institucionais.

Assim, uma pesquisa com a problemática apresentada requer a manipulação de diferentes fontes, que vão desde a legislação referente ao tema até aquelas contidas em discursos, livros, artigos, documentos institucionais, mensagens e jornais, publicados em obras compiladas ou avulsos. Dito isso, as agruparemos em três categorias distintas.

O primeiro grupo de fontes será constituído por livros e artigos que contemplem informações sobre os municípios e regiões abarcadas pela pesquisa. Após, procuraremos fazer uma análise qualitativa deles com o propósito de adaptá-los à problemática proposta e ao período estudado, pois "o fato de uma fonte de não ser 'objetiva' [...] não significa que não seja utilizável" (GINZBURG, 2012, p. 21-22). No entanto, não pretendemos esgotar a temática e nem fazer uma síntese definitiva, pois o conceito é muito amplo, não implicando para nós uma resolução de uma contradição dialética (tese/antítese/síntese) (CARDOSO; BRIGNOLI, 1990), não sendo assim nossa proposta de trabalho, como citado.

O segundo grupo de fontes será constituído pelos relatos dos personagens envolvidos nos debates privilegiados nos arranjos e proposta metodológica da pesquisa. Porém, será preciso filtrar e problematizar os relatos obtidos nas entrevistas, pois a história oral se torna problemática quando as memórias do passado se confundem com aquelas dos dias atuais, pois, para Hobsbawm,

> [...] a maior parte da história oral é memória pessoal, um meio notadamente escorregadio de se preservar fatos. A questão é que a memória é menos uma gravação que um mecanismo seletivo, e a seleção, dentro de certos limites, é constantemente mutável. Aquilo que me lembro de minha vida como estudante de graduação em Cambridge é hoje diferente daquilo que era quando eu tinha trinta ou 45 anos [...]. Mas isso não nos deixa mais perto do problema crucial, o de saber em que podemos acreditar quando não há nada com que cortejar (HOBSBAWN, 1998, p. 221).

Como Thompson, acreditamos que a história oral apresenta uma realidade complexa e abrangente, que permite recriar a multiplicidade original de diversos pontos de vista. Assim, é necessário realizar "cruzamentos" entre os testemunhos com a documentação escrita. Assim,

> A realidade é complexa e multifacetada; e um mérito principal da história oral é que, em muito maior amplitude do que a maioria das fontes permite que se recrie a multiplicidade original de pontos de vista (THOMPSON, 1978, p. 25).

Ademais,

> Todo trabalho histórico padece da desvantagem inevitável de ter que trabalhar a partir de casos reais disponíveis e não de experimentos especialmente criados [...] (e por isso) os historiadores têm que testar suas ideias com um processo lógico muito semelhante ao da prova jurídica, sempre vulnerável à descoberta de evidência subseqüente (THOMPSON, 1978, p. 322).

O terceiro grupo de fontes será constituído pelos documentos estatais e daqueles disponibilizados pelo Instituto Jones dos Santos Neves, fundamentais para o desenvolvimento do trabalho.

Perspectivas do planejamento e regionalização entre 1950 e 1980

A década de 1950 marcou a introdução de técnicas e planos mais apuradas para potencializar o desenvolvimento das mais diferentes regiões do Espírito Santo. Dentre as propostas mais elaboradas, podemos destacar o Plano de Valorização Econômica do Espírito Santo, proposto pelo então governador Jones dos Santos Neves (1951–1954). Nele, ficou clara a importância dada ao planejamento, mediante a ampla participação do estado nas deficiências estruturais do Espírito Santo.

A execução do plano, de acordo com Zorzal, se justificou em não estar fundamentado em diagnósticos técnicos precisos da economia estadual, mas sim em suposições positivas de que a introdução do planejamento como técnica poderia beneficiar o Espírito Santo em longo prazo (ZORZAL, 1986). Ademais, percebe-se que o Plano de Valorização via as questões ligadas à infraestrutura como elemento fundamental para o desenvolvimento regional, já que a energia elétrica, por exemplo, era elementar para alavancar o desenvolvimento do Espírito Santo.

O governo Jones dos Santos Neves marcou a primeira tentativa de se introduzir o planejamento econômico no Espírito Santo. Não que os outros governos tivessem promovidos mecanismos de ação planejadora, mas com Jones as preocupações técnicas se transformaram num meio para se modernizar a economia capixaba e prepará-la para o crescimento futuro. Porém, as propostas eram incipientes e pouco refinadas, já que, em seu conjunto, as políticas estavam atrasadas em relação ao que ocorria em nível de Brasil. Na opinião do ex-governador Arthur Carlos Gerhardt Santos, mesmo que os primórdios do planejamento em solo espírito-santense possam ser remontados ao governo Lindenberg, principalmente no seu segundo governo (1959–1961) com a criação do Conselho de Desenvolvimento Econômico, foi com Jones que tal mecanismo começou a tomar forma mais sistematizada:

> Em minha opinião, a primeira tentativa de planejamento no Estado foi no governo Carlos Lindenberg. Eu trabalhei no governo Jones dos Santos Neves. Quando eu me formei, eu vim trabalhar aqui, no DER, e participei ativamente no governo, não só por causa do Derenzi que era meu chefe e era pessoa muito envolvida com a cúpula do governo do Jones. Mas o governo do Jones tinha ideias, não tinha planejamento sistemático, entendeu? (SANTOS, 2014).

Além disso, pela fala do ex-governador, é possível perceber que não existiam conselhos regionais para pensar propostas imprescindíveis para o desenvolvimento do Espírito Santo. Apenas técnicos e alguns indivíduos do setor empresarial pensaram as primeiras políticas públicas integradas de desenvolvimento, considerando o estado em um todo, daí a importância em aumentar a oferta de energia elétrica, por exemplo (RIBEIRO, 2016). Ademais, A política econômica executada por Jones dos Santos Neves foi amplamente influenciada pela concepção nacionalista varguista, uma vez que sua plataforma de governo tinha ampla preocupação social, cujas raízes eram ligadas ao projeto getulista (RIBEIRO, 2016).

Na mesma época, a ideia de planejamento regional é sistematizada no Espírito Santo durante o segundo governo Carlos Fernando Monteiro Lindenberg (1957–1962), com a criação do Conselho de Desenvolvimento Econômico do Espírito Santo (Codec), em 1961. Era uma entidade que iria formular as políticas públicas necessárias ao planejamento do Espírito Santo. A atuação do empresariado foi de suma importância, nos momentos iniciais, principalmente a após da criação da Federação das Indústrias do Espírito Santo (Findes).

As autoridades políticas, o empresariado e a Findes utilizaram o Executivo para o fomento de políticas públicas destinadas à industrialização e para o desenvolvimento econômico estadual. Nas palavras de Santos,

> [...] tanto o contexto econômico regional quanto a situação política estadual se mostravam favoráveis à emergência e à atuação de uma liderança forte como a de Américo Buaiz que foi mais favorecido ainda pelas circunstâncias prevalecentes em âmbito nacional [...].
> Pode-se falar, portanto, da "era Américo Buaiz" na Findes, tal a identificação inicial do seu nome na instituição.
> Mais ainda: pode-se afirmar que a grande projeção que o nome de Américo Buaiz adquiriu no interior da sociedade e perante o poder público, no plano regional e também no plano nacional, pois chegou a ser um dos

vice-presidentes da poderosa CNI em 1961, garantiu a consolidação da entidade e seu crescimento (SANTOS, 2011, p.156).

Em 1961 foi feito o primeiro seminário para pensar o planejamento regional capixaba. O Seminário Pró-Desenvolvimento Econômico do Espírito Santo, feito para se fazer um diagnóstico mais preciso da situação social e econômica do Espírito Santo, no ano de 1961. Coordenado pelo governo estadual e pela Findes, ele contou com a participação de representantes da indústria capixaba, da CNI e de professores universitários. O objetivo do seminário era estabelecer um estudo mais aprofundado da economia capixaba para se pensar futuras ações para a modernização da economia capixaba por meio do planejamento e de suas potencialidades regionais.

Após do Seminário, criou-se um documento intitulado *Desenvolvimento Municipal e Níveis de Vida*, considerado, de acordo com Ribeiro, "o primeiro diagnóstico sociogeoeconômico do Espírito Santo. Suas principais recomendações eram obter ajuda do governo federal e a necessidade de investimentos em energia elétrica" (RIBEIRO, 2010, p. 47-48).

É possível observar que a ideia de planejamento regional foi um elemento imprescindível para o desenvolvimento da economia capixaba, ao fornecer meios ao homem do campo em desenvolver suas potencialidades, seja investido no cultivo ou nas indústrias rurais. Foi um mecanismo criado para evitar o êxodo rural e promover uma fixação mais efetiva do homem rural no campo. Além disso, os anos 1960 refletiram no Espírito Santo o que já acontecia em nível nacional: o projeto de industrialização capixaba representava um anseio da classe empresarial, via atuação estatal, em promover um uma industrialização acelerada. Na opinião de Bittencourt, o período também reluziu a gênese de uma nova política regional de desenvolvimento, a partir de articulações feitas por um grupo seleto de pessoas que permitiu, em última instância, o surgimento de um novo viés de desenvolvimento, agregado à realidade estrutural capixaba (BITTENCOURT, 2006).

Sobre *Desenvolvimento Municipal e Níveis de Vida do Estado do Espírito Santo*, estudo pioneiro sobre planejamento e desenvolvimento regional do sociólogo carioca José Arthur Rios Santos, Santos diz que esta é uma leitura

> [...] altamente recomendável para todos aqueles que queiram ter uma visão não só de como era o Espírito Santo naquele momento, em seus aspectos mais básicos, mas também do quanto o Espírito Santo evoluiu e se transformou de lá para cá. Além disso, um estudo panorâmico da produção acadêmica e científica que se tem hoje no Espírito Santo revela de forma pouco surpreendente que muitas das teses e observações feitas naquele estudo pioneiro se tornaram, depois disso, lugares comuns, graças

à influência que ele exerceu, em que pese ao fato de ele ser hoje uma publicação de difícil acesso e em vias de se perder definitivamente, o que seria um prejuízo para a cultura e para a memória do desenvolvimento capixaba, uma vez que se trata de um trabalho seminal (SANTOS, 2011, p. 238).

A primeira parte do estudo de José Arthur Rios foi fazer uma análise da vida econômica estadual por meio da apreciação dos componentes populacionais do Estado. Após fazer uma análise de como se deu a ocupação do território estadual, o objetivo de Rios foi analisar a ocupação espacial capixaba. Ele percebeu que nossa população, em idos da década de 1960, era majoritariamente rural, pouco urbanizada e organizada em diferentes regiões econômicas. De acordo com Santos, o quadro apontado pelo estudo mostrou que o Estado era composto por uma "fronteira demográfica", cuja população se encontrava em nítida expansão, que oscilava de acordo com crescimento econômico. Mas era um povo nitidamente rural e que vivia em pequenos aglomerados. Os centros urbanos começavam a exercer efeito polarizador, principalmente por causa da queima dos cafezais e pela concentração fundiária. A taxa de natalidade era alta, assim como a mortalidade e a migração. "O estado possuía também uma zona de emigração e outra de imigração: a primeira ingressando na órbita do Rio de Janeiro, a outra, a zona pioneira do norte" (SANTOS, 2011, p. 242-243).

Os efeitos da crise do café seriam altamente deletérios para uma economia eminentemente agrária e com poucas unidades industriais. A cafeicultura não teria sido suficiente para patrocinar a industrialização. Mesmo assim, para Rios,

> O confronto do valor da produção cafeeira com o produto territorial subestima a importância do café na dinâmica econômica do estado. É deste produto que se obtêm os excedentes transformados em capitalização, nem sempre efetivamente realizados no Estado em face da concorrência de outras áreas. Por outro lado, como foi acentuado inicialmente, sua posição como fonte geradora de rendas públicas empresta à cultura um elo estreito com a ação governamental (RIOS, 1963, p. 126-127).

O estudo de Rios apontava a necessidade de se continuar com as políticas que estavam em execução nos anos anteriores, visto que um setor, o industrial, estava em expansão, principalmente após o Plano de Valorização, e um outro, o tradicional, ligado à cafeicultura, estava em processo de estagnação. Para Rios,

> Na última década fixaram-se atividades fabris amparadas em favores fiscais e outras facilidades como terreno e energia elétrica. Entre elas destaca-se o moinho de trigo que supre parcialmente a área e não se expande por causa

das cotas fixadas. Um segundo empreendimento será no setor têxtil: consolidou-se a indústria de sacaria, e uma nova unidade de tecidos de linho foi inaugurada recentemente. Em fase de implantação a indústria de aço, cuja conclusão está prevista para 1962, mantendo-se até agora com pequena produção de gusa. Indústria de vestiário e de alimentação concentradas na área urbana de Vitória e de seus municípios satélites tiveram de igual forma ligeiro desenvolvimento, porém a concorrência por via rodoviária de centros industriais de São Paulo e Guanabara são fatores que limitam tais empreendimentos (RIOS, 1963, p. 127).

Na visão de Santos, a análise de Rios reproduzia a tese do "colonialismo interno"[3], uma vez que a concorrência dos centros mais desenvolvidos dava aos núcleos periféricos uma posição secundária, praticamente de subjugação (SANTOS, 2011). Por causa de tal concorrência,

> Vitória ainda não desempenha o papel de centro dinâmico próprio e irradiador de atividades terciárias capazes de criar estímulo interno a um processo de crescimento autônomo. A proximidade do Rio e sua via de acesso, relativamente facilitada pela rodovia BR-5 — Rio-Bahia litorânea — cortam as poucas possibilidades de crescimento do centro de Vitória como abastecedor da grande área dependente e convergente do porto. O simples trânsito de mercadorias e a pequenez relativa do mercado não justificam o abastecimento de indústrias em escala razoável para atender àquela demanda. No estado, o mercado além de relativamente pequeno, oferece um padrão de renda desestimulante (RIOS, 1962, p. 119).

Para Santos, mesmo que o estudo destacasse os fatores que impedem o crescimento industrial do Estado, ele mostrou a ausência nos anos anteriores de uma "mentalidade industrial", elemento que convergia com o movimento iniciado por Américo Buaiz para propiciar novas políticas destinadas à modernização da economia capixaba (SANTOS, 2011). Para Reis, a inexistência de tal mentalidade no setor cafeeiro capixaba foi fator chave para a pouca rentabilidade industrial dos anos anteriores:

> A ausência de uma mentalidade empresarial no grupo social que lidera o comércio de café prejudica o desenvolvimento de novas atividades baseadas na poupança interna. Assim, o café é um fator adverso à economia estadual em seu todo — pois limita a perspectiva de um crescimento razoável e, além disso, não possibilita a capitalização em atividades pioneiras

---

3 Para entender o significado de colonialismo interno e suas diferentes interpretações, ver: CASANOVA, Pablo Gonzáles. **Colonialismo Interno**: Una Redefinición. Disponível em: http://biblioteca.clacso.edu.ar/ar/libros/campus/marxis/P4C2Casanova.pdf. Acesso em: 12 fev. 2014.

capazes de diversificar a economia, tornando-a menos vulnerável às flutuações do mercado e às limitações fixadas pela política federal para o produto (RIOS, 1962, p. 134).

Santos destaca que o estudo de Reis apresentava um diagnóstico nada animador sobre os índices referentes ao nível de vida capixaba. A situação sanitária era extremamente delicada. Mais de 70% dos capixabas bebiam água com algum tipo de contaminação. Entre 50% e 90% da população não tinha calçado. Em alguns municípios, a mortalidade infantil, no primeiro ano de vida, era superior a 40%. Em muitos deles eram altos os índices de tuberculose, sífilis, lepra, febre tifoide, disenteria, paralisia infantil, febre amarela, tracoma, verminoses, malária e a doença de Chagas (SANTOS, 2011).

A parte final do estudo de Rios sugeriu uma série de recomendações técnicas para o Espírito Santo. A primeira delas seria a necessidade de se vencer a escassez de recursos financeiros, daí a urgência dos capitais captados fora do Estado para atender aos interesses ligados à infraestrutura e ao desenvolvimento industrial. Mas isso não seria uma solução definitiva. Era preciso também construir uma base interna de captação de receitas para a complementação daqueles advindos do exterior. Esse era o papel a ser desempenhado pelo Estado.

Para Santos, uma outra consideração de destaque feita por Rios que merece ser enfatizada é aquela referente à situação logística privilegiada do Espírito Santo. "O disciplinamento dos gastos públicos poderia permitir a formulação de um programa de aplicações de longo prazo visando a satisfazer as necessidades prioritárias do Estado" (SANTOS, 2011, p. 254).

Tendo em vista tais indicações feitas pelos estudos de Rios, o Decreto nº 301, de 19 de outubro de 1960, que criou o grupo de trabalho para sistematizar o planejamento econômico do Espírito Santo, surgiu a partir de parceria feita pela Secretaria da Agricultura, Terras e Colonização e a Secretaria da Fazenda, que elaborou dois projetos de leis, fundamentais para se planejar o futuro do estado naquela época. O primeiro deles referia-se à concessão de favores, de natureza tributária, aos estabelecimentos industriais existentes ou àqueles que viessem a se fixar no Estado. O segundo estabelecia a criação de uma Caixa Econômica Estadual, com o objetivo de executar a política de crédito agrícola estadual. Notemos que esses dois mecanismos são os elementos precursores do Fundap e do Banestes. O GT iria não só estudar os projetos citados, mas também sugerir ao Governo Estadual outras medidas necessárias ao incentivo de atividades econômicas fundamentais para o desenvolvimento estadual (RIBEIRO, 2016).

Para melhor organizar seus trabalhos, o GT se dividiu em 5 subgrupos, o que permitiu, de acordo com Ferreira, a agregação de um maior número de técnicos e personalidades sociais diversas, notoriamente aquelas ligadas ao setor industrial (SANTOS, 2011). Por fim, o Grupo de Trabalho sugeriu a criação de um Conselho de Desenvolvimento Econômico para dinamizar a economia capixaba, que deveria funcionar como um órgão consultivo sobre os melhores caminhos para o desenvolvimento econômico estadual.

O Conselho de Desenvolvimento Econômico do Espírito Santo (Codec) foi criado com o propósito de ouvir as diferentes regiões do Espírito Santo com a missão de pensar políticas públicas para o desenvolvimento do Espírito Santo. De acordo com Ribeiro e conforme apontado por Gerhardt em suas memórias, a sistemática adotada foi enviar aos líderes municipais questionários destinados à elucidação de problemas ligados aos transportes, energia, financiamento, segurança, agricultura, pesca, recursos mineralógicos, colonização, comunicações, investimentos, mobilidade urbana, indústria em geral etc. (RIBEIRO, 2016).

Além disso, a crise do setor cafeeiro, em idos da década de 1960, fez com que o modelo econômico fosse repensado. Antes da crise da década de 1950, observou-se uma expansão no número de cafezais plantados no Espírito Santo. De acordo com Rocha e Morandi, os preços médios de exportação do café passaram de US$ 16,18 por saca de 60 kg, em 1945, para US$ 58,34 e US$ 86,83 em 1950 e 1954 respectivamente. Num período de dez anos os preços aumentaram 4,3 vezes. Isso fez com que houvesse um aumento no número de cafezais, de 257,2 milhões de pés em 1940 para 359,2 e 447,6 milhões, entre 1950 e 1960, acarretando num crescimento de 74% no número de pés de café plantados. Houve também expansão da produção cafeeira interna, tendo um aumento de 1,5 milhões de sacas no triênio 1942/1944 para 2,3 milhões nos anos posteriores, um aumento de 53% (ROCHA; MORANDI, 1991). Mas o "boom" cafeeiro não se circunscreveu apenas aos limites geográficos do Espírito Santo, atingindo também outras regiões cafeeiras do país. Aumentou a capacidade produtiva da nação e houve extraordinárias safras anuais, superiores à capacidade de absorção do mercado consumidor, notoriamente o externo. Porém, a superprodução converteu o "boom" em crise aguda, fazendo com que, em última instância, acontecendo quedas espetaculares do produto no exterior, principalmente a partir de 1955; uma queda de 29% dos preços. Em 1959 ela foi de 51,7%, em relação ao preço médio de 1954. Daí a necessidade de se repensar a industrialização, tendo em vista as potencialidades do Espírito Santo, e ressignificar as atividades primárias, promovendo, em última instância, meios para a fixação do homem no campo e mitigar os efeitos do êxodo rural (RIBEIRO, 2016).

Uma outra consequência imediata das ações do Codec no Espírito Santo foi a criação do Plano de Desenvolvimento Trienal, em 1961, documento que, na visão de Gurgel, "inaugurou no Espírito Santo o planejamento estratégico como ação de governo e balizou o processo de desenvolvimento do Estado por cerca de 30 anos". O plano estava em consonância com todas as discussões que aconteciam no Brasil à época, principalmente aquelas voltadas às questões regionais. "O plano buscava incluir o Espírito Santo numa região mais ampla, a que chamou de 'Leste Meridional', visando assim aumentar a pressão política do Governo Federal no sentido da priorização do Estado" (SANTOS, 2011, p. 233). Em consonância com o que havia sido discutido no Seminário Pró-Desenvolvimento, ele definia e quantificava os investimentos em áreas estratégicas como energia elétrica, fomento à industrialização, siderurgia, reaparelhamento portuário, ferrovia, rodovias e diversificação geral da economia, além de atividades ligadas ao crédito agrícola, armazéns, silos, cooperativismo rural, recuperação de vales úmidos e levantamento de recursos naturais. Também havia ações de interesse social, como programa de casas populares, educação primária, água, esgoto, serviços de saúde pública, saneamento básico e prevenção de epidemias (GURGEL, 2000).

O Plano, como citado, estabelecia as áreas destinadas ao investimento, principalmente aquelas no entorno de Vitória. A meta do Plano, ademais, era orientar os investimentos estaduais e federais nas mais diversas necessidades do Estado. Os objetivos setoriais estavam divididos nos seguintes tópicos: infraestrutura, diversificação econômica e interesse social (ESPÍRITO SANTO, 1961). Ademais, através de uma plataforma de industrialização rural e de uma política destinada à alfabetização das classes populares, principalmente as do interior, esperava-se que os efeitos deletérios da crise do café e da erradicação dos cafezais fossem supridos. Era, como se verá, uma agenda de desenvolvimento afinada ao que acontecia em nível nacional, tendo em vista os rebatimentos do Plano Trienal no Espírito Santo.

O governo Lacerda de Aguiar (1963–1966) teve dois momentos distintos: durante a presidência de João Goulart, quando o Espírito Santo foi agraciado com grande aporte de recursos para a construção do Porto de Tubarão, em virtude da necessidade de se aumentar as exportações de minério de ferro. Tal fato se devia à amizade que Jango nutria com Chiquinho. O segundo momento, ao contrário, acontece após o golpe cívico-militar de 1964, quando Lacerda de Aguiar fomentou uma política de recuperação financeira do Estado, visando o enquadrar nas diretrizes traçadas pelo governo autoritário, principalmente após a promulgação do Plano de Ação Econômica do Governo (PAEG) (1964–1966).

Em seu discurso de posse, Francisco Lacerda de Aguiar deixou claro em que seria pautada a sua plataforma de governo: era imperativo que se desenvolvesse a agroindústria sem que se fizessem alterações na estrutura fundiária capixaba, formada, grosso modo, por pequenas e médias propriedades. Nas palavras de Chiquinho:

> Pretendo dar destaque ao programa que objetiva o de energia de incremento da produção agrícola, através de providências recomendadas pela técnica moderna, bem como, pela adoção de uma política agrária de alto alcance social e cristão, possibilitando aos que desejam realmente produzir o acesso a terra e aos meios de produção. O aumento de nosso potencial hidroelétrico, bem assim, a vinda de energia de outras fontes, pertencentes ao esquema energético do país é assunto que já merece a minha atenção e se acha praticamente esquematizado (O DIÁRIO, 1 fev. 1963 *apud* RIBEIRO, 2016, p. 189).

O projeto político de Francisco Lacerda de Aguiar tinha ampla proposta de cunho social, econômico e de infraestrutura. Conforme se verá, Chiquinho desenvolveu uma proposta de educação rural, esperando criar uma mão-de-obra qualificada e adaptada à nova realidade. Investimentos em infraestrutura eram fundamentais para adequar o Espírito Santo ao projeto de Chiquinho. O aumento da oferta de energia elétrica iria suprir a carência interna, oferecendo subsídios para a fixação das novas indústrias a se instalarem no estado. No final das contas, a industrialização urbana não era o único elemento a ser seguido. Daí o fato dele ter feito uma plataforma política que agradasse a população urbana e rural.

A plataforma de Lacerda de Aguiar visava promover políticas no campo, ao propor a elevação do padrão de vida de grande parcela da população rural, vinculada, como já salientado, às pequena e média propriedades (ZORZAL, 1986). A política de Chiquinho para o meio rural tinha como objetivo modernizar as atividades ligadas ao setor primário e diminuir, com o passar dos anos, os efeitos deletérios do êxodo rural.

Um plano educacional de emergência foi pensado, visando erradicar o analfabetismo e formar lideranças para enfrentar os problemas oriundos do baixo desenvolvimento econômico e social do Espírito Santo. Além disto, ele almejava criar uma educação rural com a meta de elevar os índices de escolarização, dado que o analfabetismo atingia cerca de 70% da população capixaba. O Plano estabelecia as seguintes metas de matrículas para o ano de 1966: 271.000 no Ensino Primário e 26.200 para ao Ensino Médio. Também se visava construir 1.080 novas salas de aula e 4 novos ginásios, com recursos da ordem de 3,2 bilhões de Cruzeiros. Zorzal afirma que o Plano Educacional de Emergência se constituiu no segundo pilar básico da política de desenvolvimento econômico e social do governo Lacerda de Aguiar. Visava romper com o elitismo educacional vigente no Estado, descentralizando a educação da capital para o interior (ZORZAL, 1986).

Outra ação que merece ser destacada para o ano de 1964 foi a organização de um Plano de Industrialização Rural que permitisse a instalação de

15 fábricas de farinha de mandioca, item importante no aporte de calorias da alimentação popular naquele período, e 5 usinas de laticínios. Para o ano de 1965, previa-se a diversificação das indústrias, com a fixação de usinas para a produção de óleos vegetais, pasta de celulose, de doces e de outras fábricas de beneficiamento de cereais. Era prevista a criação de 52 agroindústrias, 2 armazéns de beneficiamento e padronização de sementes e 2 parques de exposições agropecuárias. O custo total desta política seria da ordem de 7 bilhões de cruzeiros, obtidos em parceira com a União. Foi criada uma linha de crédito de 1,5 bilhões de cruzeiros concedidos através do Banco de Crédito Agrícola do Espírito Santo para os pequenos e médios agricultores, com o objetivo de diversificar a produção interna de gêneros primários (RIBEIRO, 2016).

Todavia, o modelo de desenvolvimento econômico é totalmente reformulado com o golpe cívico-militar de 1964. O grupo de Christiano Dias Lopes Filho, primeiro governador após 1964, "queimou" toda uma dinâmica de planejamento inaugurada nos anos anteriores. O alvo das políticas setoriais foi redefinido. O antigo modelo voltado para o fomento da industrialização local, principalmente aquela orientada para o incremento do setor rural, foi deixado parcialmente de lado. Desenvolveu-se, nos anos seguintes, um modelo que definiu o papel complementar do Espírito Santo no capitalismo internacional, através dos Grandes Projetos de Impacto, já no governo de Arthur Carlos Gerhardt Santos (1971–1975), principalmente através da fixação da indústria de bens intermediários de produção, especialmente aquelas de pelotização de minério de ferro, metalurgia, química, celulose etc.

Christiano Dias Lopes Filho (1967–1971) pensou um programa de governo visando investimentos para promover o desenvolvimento e, influenciado pela ideologia tecnocrata dos governos militares — uma vez que ele mesmo era uma pessoa influente que *passeava* pelo meio, tendo em vista sua atuação como deputado estadual, desde o final da década de 1950, ele se comprometeu a implantar técnicas de planejamento mais profundas, junto à administração estadual. Dias Lopes adotou o slogan *Planejar para Desenvolver*, tendo em vista o papel do governo estadual na alocação dos recursos necessários para a promoção do desenvolvimento econômico e social, demonstrando assim uma certa continuidade com os planos de desenvolvimento gerados nos anos anteriores. A inovação se dará por meio dos incentivos fiscais e nos primeiros esboços em se fixar no Espírito Santo grandes indústrias. Bittencourt destaca que o programa de governo de Dias Lopes Filho previa uma industrialização que deveria ser orientada pela utilização de matérias-primas locais, através da fixação de grandes plantas industriais e incentivos às áreas industriais tradicionais do Estado: frigoríficos, laticínios, minerais não metálicos e produtos de madeira (BITTENCOURT, 2005). Na realidade, o plano de governo de Dias Lopes Filho já tinha sido traçado nos anos anteriores, por meio dos pareceres técnicos da Findes e dos primeiros estudos do Codec. De acordo com Lopes Filho,

> Quando eu fui escolhido, eu precisava fazer o meu plano de governo. E eu tinha que começar por fazer uma análise da situação econômica e financeira do Estado, e fazer o plano de desenvolvimento econômico que ia servir de suporte para as ações de governo. Mas acontece que o sr. Rubens virou para mim e disse: "mas governador, o Estado não tem dinheiro para pagar esses estudos". Foi então que eu consegui com a Federação das Indústrias que ela pagasse os estudos que foram feitos na montagem da minha ação de governo (LOPES FILHO, 2002).

As bases do governo Christiano Dias Lopes Filho estavam contidas no estudo Diagnóstico para o Planejamento Econômico do Espírito Santo, encomendado pela Findes junto ao sociólogo José Arthur Rios, em 1966, cujas ideias já foram por nós analisadas:

> Esse estudo traçava quais seriam os produtos tradicionais mais importantes para a economia do Espírito Santo: apontava o café e o esgotamento tanto da fronteira agrícola, quanto da disponibilidade de terras em condições favoráveis, seriam impedimentos para novas ondas de investimentos nessas atividades (OLIVEIRA, 2013, p. 165-166).

Ou seja, a industrialização o caminho a ser perseguido para colocar o Estado na rota do desenvolvimento.

Arthur Carlos Gerhardt Santos foi escolhido governador indireto do Estado entre os anos 1971 e 1975. É válido salientar que Gerhardt acumulava grande experiência administrativa. Na visão do próprio Gerhardt:

> Ao assumirmos o Governo do Estado do Espírito Santo, procuramos compreender e determinar as potencialidades existentes no Estado, desde a sua posição geográfica, até a presença da Companhia Vale do Rio Doce e o Porto. Verificamos que tais potencialidades não estavam sendo utilizadas de modo amplo por diversas razões: deficiência de infraestrutura, pouca atenção do Poder Público para novas perspectivas, pois visava fazer do Plano de Industrialização, um complexo gerado aqui, o que era totalmente inexeqüível (GERHARDT, 1975 *apud* RIBEIRO, 2016, p. 225).

Para Oliveira, o governo de Arthur Carlos Gerhardt Santos representou a realização de uma gestão de natureza técnica que deu continuidade ao processo de desenvolvimento estadual orientado pelo planejamento. Era a efetiva convergência histórica entre os projetos de desenvolvimento que foram gestados desde Jones dos Santos Neves e que não foram levados adiante, mas que, em última instância, possuíam metas de racionalização administrativa da máquina pública, além de refletir internamente a necessidade do saber técnico como mecanismo de desenvolvimento por meio da industrialização (OLIVEIRA, 2013). Para Medeiros, é com Gerhardt que se inicia a chamada política industrial dinâmica como fator de desenvolvimento, dado que as ações de Christiano Dias Lopes Filho, embora tenham atenuado os efeitos gerados pela crise do café, não foram capazes para propiciar o desenvolvimento pleno capixaba. Não existiam fontes sólidas de investimento, como propunha os estudos iniciais do Codec e dos pareceres técnicos da Findes.

Assim, o começo da década de 1970 marcou uma nova fase na história do Espírito Santo e da elite dirigente capixaba. Foi o momento em que ele dá uma verdadeira guinada na sua economia, graças às consequências do Milagre Econômico Brasileiro e das ações de uma classe dirigente que se mantinha no poder desde as ações de Jones dos Santos Neves, com a exceção relativa, é claro, da época em que Francisco Lacerda de Aguiar foi governador do Estado. No caso do Espírito Santo, os Grandes Projetos de Impacto tiveram como norteador o primeiro ponto, visto que o governo visava investir na infraestrutura com o intuito de fixar um novo parque industrial de base, e não investir unicamente na substituição das importações, ou seja, Arthur Carlos Gerhardt Santos e os outros tecnocratas atuaram alinhados à fração industrial-exportadora, no espectro político capixaba (RIBEIRO, 2016). O Bandes assumiu as funções de estudos e do planejamento dos projetos de desenvolvimento formulados na época (MEDEIROS, 1977).

Arhur Carlos Gerhardt Santos, considerando o caráter transnacional do capitalismo internacional, formulou políticas que tinham como pressuposto a velha fórmula da associação do capital nacional com o internacional, dando para o último grande facilidade de atuação, por meio de incentivos fiscais diversos. Os técnicos do governo, antenados nessa nova modalidade do capitalismo, pensaram um programa de industrialização que tivesse na atividade industrial a chave para a modernização, tendo em vista os anseios da elite capixaba que desejava uma revolução passiva, sem que houvesse mudanças substanciais nas formas de dominação existente, mudando apenas a forma de dominação da máquina pública.

Os chamados Grandes Projetos de Impacto representaram o desenvolvimento de atividades através de investimentos maciços nas atividades de exportação de minério de ferro e de produtos siderúrgicos pelo Complexo Portuário Vitória/Tubarão. Era uma maneira do Espírito Santo se beneficiar das vantagens comparativas do comércio internacional. Foi preciso investir em infraestrutura mediante modernização portuária, telecomunicações, interligação energética com Furnas e em transportes por meio da duplicação ferroviária da Estrada de Ferro Vitória-Minas e da construção das BR 262 e BR 101 A partir das informações de Medeiros, podemos observar que os investimentos que culminaram nos Grandes Projetos de Impacto foram de ordem de 5,5 bilhões de dólares, promovendo a criação de 20.875 empregos diretos, em 1980 (MEDEIROS, 1977). O autor destaca que 80% dos empregos e projetos estão concentrados na Grande Vitória e que os demais, com a exceção da indústria de celulose da Aracruz Celulose, estavam locados na faixa litorânea, num raio de 100 km de distância de Vitória, reforçando assim as disparidades regionais e econômicas, fenômeno que repetiu o processo de concentração econômica, já que a maioria das indústrias nacionais estão localizadas no eixo Rio-São Paulo (RIBEIRO, 2016). Das cinco áreas de investimento dos Grandes Projetos de Impacto, não se viabilizaram a naval (estaleiro de desmonte e construção naval) e a turística (investimentos na região litorânea sul do ES). Os complexos de siderurgia (usinas de pelotização e siderurgia), paraquímico (indústria de celulose) e portuário (terminal do corredor de transportes para exportação) foram efetivamente instalados, notoriamente no governo Élcio Álvares (1975–1979). "Os estaleiros de reparos, uma das principais prioridades do governo estadual, acabaram sendo direcionados para o Rio de Janeiro, representando importante perda para o Espírito Santo" (OLIVEIRA, 2013, p. 419).

    O loteamento industrial, chamado de Centro Industrial da Grande Vitória (Civit), localizado em Carapina, Serra, sob a administração da SUPPIN, foi inaugurado em novembro de 1974, com a área piloto do CIVIT — Centro Industrial da Grande Vitória, em Carapina, tendo 170 ha brutos e 70 ha de áreas úteis, dotadas de acesso pavimentado, além de serviço de água, esgoto, drenagem, telefone e energia. Os módulos vendidos a preços subsidiados fomentaram a implantação de inúmeras unidades industriais. Até 1980, o Civit recebeu 22 indústrias, com ocupação de aproximadamente 70% de sua área naquele ano. No setor I existiam 14 empresas em operação e mais 4 em implantação, enquanto no setor II, três áreas já se encontravam reservadas para implantação de novos empreendimentos (MEDEIROS, 1977).

    Com Élcio Álvares (1975–1979), o modelo foi aprimorado. Uma de suas primeiras ações foi dinamizar as bases do sistema de planejamento estadual. O ano de 1975 marcou o início do funcionamento do Sistema Estadual de Planejamento do Espírito Santo. Com a promulgação da Lei nº 3043, de 31 de dezembro daquele ano, o Codec foi extinto. Em seu lugar foi criada a Secretaria de Planejamento (Seplan). As atividades da Seplan tiveram início com a formação de um corpo técnico, recrutando profissionais de outros órgãos da administração pública direta e indireta, aproveitando experiências já acumuladas em áreas afins às que a Secretaria deveria se dedicar, em especial a partir de transferências de técnicos do Bandes para a recém-criada Secretaria, mediante convênio de cooperação técnica. Além disto, o governo de Álvares promoveu uma enérgica política de contenção de despesas visando a regularizar os pagamentos e o custeio da saúde pública estadual, além de contratar operações de crédito que chegaram a comprometer 21% das receitas. permitindo que permitiu a abertura de 31 novas agências do banco em solo capixaba (BITTENCOURT, 2006).

O Instituto Jones dos Santos Neves foi criado para auxiliar os estudos da Seplan e criar propostas, através de seus técnicos, para o fomento da atividade industrial do Estado. Criado pela lei 3.043, de em 31 de dezembro de 1975, sob a denominação de Fundação Jones dos Santos Neves (FJSN), posteriormente transformado em autarquia, em 27 de outubro de 1980, pelo Decreto 1.469-N, passando a denominar-se Instituto Jones dos Santos Neves (IJSN); era sua função subsidiar políticas públicas mediante a elaboração e execução de estudos, pesquisas, planos, projetos, programas de ação e organização de bases de dados estatísticos e georreferenciados, nas esferas estadual, regional e municipal, voltados ao desenvolvimento socioeconômico do Espírito Santo, disponibilizando essas informações ao Estado e à sociedade[4]. De acordo com Brandão, a criação da Fundação Jones dos Santos Neves significou o desenvolvimento de uma cultura urbana e a gênese de uma cultura política nascida a partir da industrialização como fator decisivo para a modernização definitiva do Espírito Santo (BRANDÃO, 1983).

Mas a industrialização ficou restrita ao entorno da capital, Vitória. Além disso, percebe-se que, a partir do governo Élcio Álvares, as técnicas de planejamento no Espírito Santo ganharam um refinamento e status de "área técnica". Houve uma institucionalização do sistema de planejamento, e a Fundação Jones dos Santos Neves iria disponibilizar ao Executivo o saber técnico e os estudos necessários para levar adiante o desenvolvimento capixaba. Por meio do planejamento, os orçamentos anuais deveriam se adequar às prioridades anuais estabelecidas, permitindo uma relação de simbiose entre os recursos disponíveis e as metas desejadas. A criação da Seplan significou também a centralização do planejamento estadual, fazendo que o governo tivesse que consultá-la em caso de necessidade de liberação de verbas para investimentos diversos, principalmente aqueles de natureza em infraestrutura. Isso acarretou

---

4   Cf. ESPÍRITO SANTO. Decreto nº 831-N, de 7 de maio de 1976. Dispõe sobre a criação da Fundação Jones dos Santos Neves. **Diário Oficial** [do] **Espírito Santo**. Disponível em: http://www.ijsn.es.gov.br/Sitio. Acesso em: 23 jan. 2014.

numa descentralização das funções do Executivo, já que a natureza técnica da Seplan daria a ela autonomia administrativa para a elaboração de estudos e diagnósticos, tendo em vista aquilo que fosse produzido na Fundação. Ademais, com a criação da Seplan foi possível a gênese de programas setoriais e planejados, permitindo ações qualitativas e quantitativas de longo prazo por meio de estudos técnicos aprofundados, afinados às particularidades históricas e geográficas espírito-santense, ajudando adequar os recursos disponíveis às áreas vitais. Serviu de também como instrumento de pressão junto ao Governo Federal, uma vez que seria possível pedir à União os recursos complementares necessários, tendo em vista os estudos e diagnósticos produzidos.

A conclusão das obras da CST demandou melhorias estruturais na Grande Vitória. A conclusão da Segunda Ponte, ligando Vitória, Vila Velha e Cariacica, permitiu a dinamização das exportações pelo Porto de Vitória e uma maior circulação de mercadorias e pessoas. Outro fato que merece destaque da política desenvolvimentista pensada no governo Elcio Álvares foi o início da construção da Terceira Ponte, nova ligação entre a ilha-capital Vitória e o município de Vila Velha, no continente, cujo contrato foi assinado pelo governo e a União em 1978.

Por fim, Eurico Rezende (1979–1983), último governador capixaba eleito indiretamente, pertencia a uma geração política anterior ao golpe cívico-militar de 1964. Foi adversário político de Jones dos Santos Neves, Carlos Fernando Monteiro Lindenberg e Christiano Dias Lopes Filho. Fundador da UDN capixaba, disputou diversos pleitos ao lado das forças que faziam oposição ao PSD, principalmente ao lado de Atílio Vivácqua e Francisco Lacerda de Aguiar, ou seja, indivíduos que tinham forte ligação com o setor primário-exportador e ao setor cafeeiro. Tal aproximação com o grupo de Chiquinho fica clara em entrevista concedida em maior de 1978: "as necessidades principais sob enfoque de disponibilidades do Governo do Estado [que seriam] a agricultura, a pecuária, a educação, o rodoviarismo, assistência social" (REVISTA ESPÍRITO SANTO AGORA, 1978 *apud* OLIVEIRA, 2013, p. 296).

Eurico Rezende promoveu ações para estimular as potencialidades econômicas de cada localidade, obtendo "um crescimento da renda interna a taxas superiores à média nacional" (VIEIRA, 1998, p. 39). Em 27 de outubro de 1980, por meio do Decreto nº 1.469-N, todas as fundações estaduais são remodeladas, transformando-se em autarquias. Dentre elas, a Fundação Jones dos Santos Neves, que se alterou no Instituto Jones dos Santos Neves. Era uma tentativa de se reorientar os recursos internos para novas frentes e estimular a captação de capitais do exterior, um mecanismo criado com o propósito de dinamizar a expansão das indústrias de bens intermediários e maximizar os lucros dos setores tradicionais da economia local. Para Brandão, porém, o sistema estadual de planejamento só se concretizou no texto da lei, pois na prática isso não aconteceu. A Secretaria de Estado do Planejamento (Seplan) deveria exercer o papel central do planejamento estadual, tendo como subordinados, dentre outros órgãos, o Banco de Desenvolvimento Econômico do Espírito Santo (Bandes) e o Instituto Jones dos Santos Neves. Mas a Seplan não exerceu qualquer controle administrativo sobre o Bandes, restando ao Instituto produzir estudos, projetos e programas, não sendo assim possível sedimentar o planejamento estadual (BRANDÃO, 1983).

Quadro 1 — Áreas de planejamento regional

REGIÃO	MUNICÍPIOS
REGIÃO 1	Vitória Vila Velha Guarapari Afonso Cláudio Santa Teresa Ibiraçu Fundão Serra Santa Leopoldina Domingos Martins Viana Alfredo Chaves Anchieta Piúma
REGIÃO 2	Colatina Baixo Guandu Mantenópolis Pancas Itaguaçú Itarana
REGIÃO 3	Nova Venécia Montanha Barra de São Francisco Pinheiro Ecoporanga Mucurici Boa Esperança São Gabriel da Palha
REGIÃO 4	Linhares São Mateus Aracruz Conceição da Barra

continua...

continuação

REGIÃO	MUNICÍPIOS
REGIÃO 5	Cachoeiro do Itapemirim Castelo Guaçuí Alegre Mimoso do Sul Iconha Iúna Rio Novo do Sul Itapemirim Presidente Kennedy Atílio Vivácqua Muqui Jerônimo Monteiro Conceição do Castelo Apiacá Bom Jesus do Norte São José do Calçado Muniz Freire Divino São Lourenço Dores do Rio Preto

Fonte: Espírito Santo (1980 *apud* RIBEIRO, 2016).

Na realidade, pelo menos no papel, o governo Resende tinha uma proposta original para a organização do planejamento estadual, como se viu no Quadro 1. O objetivo era descentralizar o programa, permitindo a emergência de outros atores. Eram ações que visavam a integração dos diversos setores sociais junto à Seplan, por meio da participação de diferentes personagens, através conselhos regionais.

As bases do governo Eurico Resende estavam balizadas no documento Diretrizes para a Ação Integrada (1979/1983). Nele, havia uma proposta de planejamento setorizado, permitindo a participação de toda a sociedade capixaba, das cidades ou do interior. Era uma espécie de embrião de um orçamento participativo, onde a população iria opinar na destinação dos recursos necessários para o desenvolvimento capixaba, e a área de que receberia atenção especial seria aquela orientada às atividades tradicionais da economia, especialmente as ligadas à agroindústria. Esperava-se descentralizar o planejamento estadual, permitindo a participação de agentes que não tinham voz junto ao aparelho de Estado, como citado através de conselhos regionais.

A partir da regionalização e da setorização das ações, esperava-se destinar recursos às especificidades locais, permitindo que as diversas esferas da sociedade pudessem opinar. Era preciso criar um banco de dados que contivesse os estudos, pareceres, dados e estatísticas que pudessem ser utilizados pela

Seplan. A Empresa de Processamento de Dados do Espírito Santo (Prodest)[5] foi reestruturada, esperando que ela colaborasse para a democratização das informações e para uma melhor sistematização do planejamento (ESPÍRITO SANTO, 1980, p. 50 *apud* RIBEIRO, 2016, p. 271).

Os recursos e as novas áreas de investimentos serviriam para amenizar as disparidades regionais, canalizando capitais de acordo com as potencialidades locais, devendo o Bandes disponibilizar parte dos investimentos necessários. Assim, a política formulada por Eurico Rezende, por meio do estudo e proposições da Sefaz, voltou-se para a interiorização com o objetivo de descentralizar os projetos do entorno de Vitória, direcionando recursos para a eletrificação, telefonia, infraestrutura viária e moradia rural. O desenvolvimento rural foi privilegiado devido aos recursos financeiros do Funres, incentivando projetos agropecuários e aqueles indispensáveis para o incremento das atividades ligadas ao desenvolvimento rural, sem propor uma reforma agrária ou alterar a estrutura fundiária capixaba (OLIVEIRA, 2013).

A insuficiência de capitais internos fez com que os projetos fossem executados através dos recursos obtidos junto à União, principalmente pelo fato do Ministério do Interior ter formulado um plano quinquenal (1980–1985) para a construção de 59.811 unidades habitacionais e a implantação de 22.100 lotes urbanizados, além da extensão do Promorar para a região da Grande Vitória. A situação fiscal se agravava, fazendo com que o governo recorresse ao endividamento via obtenção de novos empréstimos. Além disso, Eurico Rezende contou com recursos do Banco Mundial para investimentos em infraestrutura urbana, por meio da construção de estradas e investimento em saneamento básico. O meio rural também vivenciou algumas mudanças, especialmente na "retomada da expansão da lavoura cafeeira em moldes empresariais e a modernização tecnológica geral da agricultura" (OLIVEIRA, 2013).

Apesar da falta de recursos, o governo Eurico Resende promoveu ações que foram muitos importantes para a expansão dos setores tradicionais da economia capixaba. Um exemplo foi a cana-de-açúcar. Impulsionada pelo Proálcool, foi possível à Usina Paineiras aumentar a produção de cana, produzindo açúcar e melaço para exportação e álcool para o consumo interno[6].

---

5   A Prodest foi criada em fevereiro de 1970, com o nome de Empresa Estatal de Processamento de Dados. Em 1975, a ela recebeu o nome Prodest, por meio da lei estadual 3.043/1975. Em janeiro de 2005, através da Lei complementar 315/2005, a empresa foi transformada em autarquia, recebendo o nome de Instituto de Tecnologia, Informação e Comunicação do Espírito Santo, mantendo a antiga sigla.

6   O Proálcool foi criado pelo Governo e 14 de novembro de 1975 com a finalidade de desenvolver a produção e comercialização do álcool como substituto à gasolina, tendo também como meta "a substituição de um derivado de petróleo importado e, portanto, diminuição da evasão de divisas — somavam-se alguns objetivos sociais e econômicos: geração de novos empregos no campo; diminuição do êxodo rural; diminuição das disparidades regionais de renda; fortalecimento da indústria automobilística e da indústria de máquinas e equipamentos (construção de montagem de destilarias)" (SANDRONI, 2003, p. 495).

A produção de álcool saltou de 10 milhões de litros em 1979 para 27 milhões de litros em 1983. A área plantada de cana se expandiu para os municípios de Itapemirim (onde se localizava a fábrica), Presidente Kennedy, Rio Novo do Sul, Atílio Vivácqua e Mimoso do Sul. Ainda sobre o período, de acordo com Bittencourt,

> [...] o Espírito Santo já contava com inúmeras usinas com o objetivo específico a produção do álcool. A Lasa/Lagrisa (Linhares Agroindustrial S.A.), cuja produção média tingia a 150.000 litros de álcool/dia (4.000 há plantados com cana) e financiamento do Proálcool: a Disa — Destilaria Itaúnas S.A., localizada no município de Conceição da Barra; a Cridasa, também em Conceição da Barra (ambas com a mesma capacidade nominal da Lasa); a Almasa, instalada no município de São Mateus (60.000lt/dia) e a minidestilaria da Universidade Federal do Espírito Santo, em São José do Calçado. Em fase de implantação, havia ainda nessa época, a Albel, em Boa Esperança e as minidestilarias Montasa e Pinhal (BITTENCOURT, 2006, p. 424).

Um outro setor que também entrou em expansão foi o de bebidas. A Indústria de Bebidas Antártica S.A, inaugurada em Araçatiba, no município de Viana-ES, no ano de 1978, representou um investimento de Cr$ 450.000.000,00. Em poucos meses ela entrou em expansão, com um aumento de 50% da capacidade instalada, recebendo investimentos adicionais de Cr$ 100.000.000,00. Foi considerada a mais moderna fábrica da Antártica na época. Criada para abastecer o mercado local, o excedente produzido foi comercializado no sul da Bahia, norte do Rio de Janeiro e leste de Minas Gerais. Isso fez que com que o Espírito Santo passasse de importador para exportador, "perfil que não se consolidou devido ao fechamento da unidade produtiva" (BITTENCOURT, 2006, p. 425).

Perspectivas do planejamento e regionalização entre 1980 e 2000

O início dos anos 1980 foram agitados no Espírito Santo. Era o início da organização dos trabalhadores, por meio do fortalecimento dos sindicatos e do movimento de base da Igreja Católica. A agitação estudantil ganha destaque, principalmente no ambiente universitário. É o momento que em figuras como Paulo Hartung e tantos outros surgem como lideranças. O Partido dos Trabalhadores também foi importante no contexto. O regime cívico-militar, surgido em 1964, dá seus últimos suspiros. Além disso, os impactos dos Grandes Projetos de Impacto passam a ser percebidos com maior intensidade. Foi o início do processo de crescimento desordenado das periferias, como a grande São Pedro, além da escalada da violência e do tráfico de drogas.

As eleições de 1982 marcaram a escolha de um novo governador democraticamente eleito pelo voto popular (o último foi Francisco Lacerda de Aguiar, em 1962). A disputa se deu em torno de Gerson Camata (PMDB), Carlito Von Schilgem (PDS), Perly Cipriano (PT) e Oswaldo Mármore (PDT). Camata foi eleito com 60,34% dos votos válidos, conseguindo fazer um governo de coalização, muito importante para a aprovação de seus projetos (OLIVEIRA, 2013).

Uma das ações de destaque foi a proposta de desenvolvimento do interior do Espírito Santo. Várias estradas rurais foram construídas, permitindo a interligação todos os municípios capixabas, compreendendo 6.044 quilômetros de estradas pavimentadas, 3 mil asfaltadas (BITTENCOURT, 2006).

Fomentou o incremento da produção de café Conillon, que passou a representar 90% da produção brasileira. Ademais, para Bittencourt, o governo de Camata foi amplamente beneficiado

> [...] pela cultura cafeeira, graças ao café de origem africana cultivado no Espírito Santo, que colocou o Estado no cume da produção mundial da espécie. Na cultura do café, aliás, sobretudo das variedades "robusta" e "conilon", chegou-se à produção de 4,5 milhões de sacas, tornando-se o Espírito Santo, na área agrícola, o segundo maior produtor de cacau do País, um período que o Estado registrou, também, na pecuária, a existência de 2,3 milhões de bovinos, além de 750 mil suínos e cerca de 850 mil aves (BITTENCOURT, 2006, p. 428-429).

Nesse período, o Espírito Santo se tornou o terceiro maior produtor de petróleo do país, atingindo a marca de 1.137.260 metros cúbicos de petróleo explorados no período compreendido entre 1983 e 1987. Novamente, de acordo com Bittencourt,

> Modificava-se, portanto o perfil econômico do Estado. Passara, rapidamente do estágio agrícola para um importante polo industrial, nascido da política de incentivos fiscais, que já representava, então, expressivo desempenho no setor que já representava cerca de 39% da economia estadual, em oposição a 45% do setor de serviços, enquanto a agricultura respondia apenas 16%. Graças a todo esse esforço, a Coordenação de Planejamento da Presidência da República (Coplan), considerou o Espírito Santo como "único parceiro da economia de São Paulo, em termos absolutamente proporcionais", entre todos os demais Estados brasileiros (BITTENCOURT, 2006, p. 429).

O governo de Camata implantou vários núcleos de trabalhadores rurais "sem-terra" no interior. Também triplicou o sistema elétrico rural e ampliou a oferta de telefonia. O Bandes financiou vários frigoríficos, principalmente na

Região Serrana, além da expansão da Garoto e incentivos à indústria de laticínios. Todavia, as áreas industriais de Colatina e, principalmente, Cachoeiro do Itapemirim cresceram em taxas menores, visto que os investimentos industriais, como destacado, estavam concentrados no entorno de Vitória, por causa dos "Grandes Projetos de Impacto". Criou duas reservas ecológicas. A primeira delas foi a Reserva da Fonte Grande (Vitória), e a outra foi a de Pedra Azul (Domingos Martins). Também ampliou outras áreas de proteção ambiental, como a Reserva de Comboios (entre Linhares e Aracruz) e a da Cachoeira da Fumaça (Alegre).

Em 1986, Max de Freitas Mauro foi eleito governador (1986–1990). Aliás, esse ano foi muito difícil, não só para o Espírito Santo, mas para o Brasil como um todo. Coincidiu a época da Reabertura Política (1985) e com a eleição de indireta de Tancredo Neves, mas, como sua morte, assumiu seu vice, José Sarney. A alta inflacionária corroía a cada dia mais e mais o poder de compra dos trabalhadores. Vários planos econômicos fracassaram. Todavia, a promulgação da Constituição de 1988, carinhosamente chamada de "Constituição Cidadã", trouxe uma série de garantias à população, se tornando um marco legal fundamental para nossa história recente.

Max Mauro iniciou a implantação do Sistema Único de Saúde (SUS) no Espírito Santo. Municipalizou a saúde em 25 cidades do interior, e aumentou o número de leitos hospitalares na rede pública para mais de 600. Estruturou o Sistema Transcol e concluiu as obras da Terceira Ponte, permitindo uma melhor interligação dos municípios vizinhos à Vitória. Na área ecológica, criou o primeiro laboratório capixaba de análises ambientais, além de uma rede de monitoramento do ar da Grande Vitória. Iniciou um programa de despoluição dos ecossistemas da Baía de Vitória e do litoral capixaba, a partir de financiamento do Banco Mundial (PERONE; MOREIRA, 2003).

Albuino Azeredo foi governador do Espírito Santo entre 1990 e 1994. Seu governo refinanciou a dívida pública e alienou parte das ações da Escelsa. Houve uma grave crise financeira. 96% da receita estadual era dirigida para folha de pagamento. Os atrasos no pagamento do funcionalismo foram constantes.

Vitor Buaiz foi governador entre 1994 e 1998. No último ano de seu governo, 27 municípios do norte do Espírito Santo foram incluídos na área da Sudene. Muitas empresas foram atraídas pelos incentivos fiscais. Muitas empresas do sul capixaba foram para a região, notoriamente de Cachoeiro de Itapemirim, que perdeu cerca de 5.000 empregos. Também promoveu o saneamento fiscal do Banestes (PERONE; MOREIRA, 2003).

Visando facilitar o planejamento regional do Espírito Santo, o governo Vitor Buaiz criou toda uma estrutura para potencializar o desenvolvimento capixaba, tendo em vista as particularidades das diferentes regiões do território. O primeiro passo foi a promulgação da Lei nº 5.120, de 31 de novembro de 1995[7], posteriormente alterada pela Lei nº 5.469, de 22 de setembro de 1997[8]; pela Lei nº 5.849, de 17 de abril de 1999; e pela Lei nº 7.721, de 14 de janeiro de 2004.

A Lei nº 5.120, de 31 de novembro de 1995, inaugurou uma perspectiva que almejava romper o desenvolvimento isolado dos municípios do Espírito Santo, ao estabelecer o planejamento regional integrado como mecanismo de promoção do desenvolvimento, numa proposta macrorregional, a partir da seguinte divisão, redefinida ao longo dos anos, a partir das normas legais citadas no parágrafo anterior.

As informações sobre o reordenamento do planejamento estadual por regiões estão sistematizadas no Quadro 2:

Quadro 2 – Regiões de planejamento

REGIÕES DE PLANEJAMENTO	MUNICÍPIOS
METROPOLITANA	Cariacica, Serra, Viana, Vitória, Vila Velha, Fundão e Guarapari.
CENTRAL SERRANA	Itaguaçu, Itarana, Santa Leopoldina, Santa Maria de Jetibá e Santa Teresa.
SUDOESTE SERRANA	Afonso Cláudio, Brejetuba, Conceição do Castelo, Domingos Martins, Laranja da Terra, Marechal Floriano e Venda Nova do Imigrante.
LITORAL SUL	Alfredo Chaves, Anchieta, Iconha, Piúma, Itapemirim, Rio Novo do Sul, Marataízes e Presidente Kennedy.
CENTRO SUL	Cachoeiro de Itapemirim, Vargem Alta, Castelo, Atílio Vivacqua, Mimoso do Sul, Muqui, Apiacá e Jerônimo Monteiro.
CAPARAÓ	Divino de São Lourenço, Dores do Rio Preto, Guaçuí, Ibitirama, Muniz Freire, Irupi, São José do Calçado, Alegre, Bom Jesus do Norte, Iúna e Ibatiba.
RIO DOCE	Aracruz, Ibiraçu, João Neiva, Linhares, Rio Bananal e Sooretama.
CENTRO-OESTE	Alto Rio Novo, Baixo Gandu, Colatina, Pancas, Governador Lindenberg, Marilândia, São Domingos do Norte, São Gabriel da Palha, Vila Valério e São Roque do Canaã.
NORDESTE	Conceição da Barra, Pedro Canário, São Mateus, Montanha, Mucurici, Pinheiros, Ponto Belo, Jaguaré e Boa Esperança.
NOROESTE	Água Doce do Norte, Barra de São Francisco, Ecoporanga, Mantenópolis, Vila Pavão, Águia Branca e Nova Venécia.

Fonte: Espírito Santo (2011)[9].

---

7   As microrregiões ficaram divididas da seguinte forma: Metropolitana, Metrópole Expandida Norte, Metrópole Expandida Sul, Central Serrana, Litoral Norte, Extremo Norte; Polo Colatina, Noroeste I, Noroeste II, Polo Cachoeiro e Caparaó.

8   Definiu os municípios das regiões Central Serrana (Santa Teresa, Itarana, São Roque do Canaã, Itaguaçu, Santa Leopoldina e Santa Maria de Jetibá) e de uma nova microrregião, a Sudoeste Serrana (Afonso Cláudio, Domingos Martins, Venda Nova do Imigrante, Marechal Floriano, Conceição do Castelo, Brejetuba e Laranja da Terra).

9   ESPÍRITO SANTO. **Lei nº 9.768, de 26 de dezembro de 2011**. Dispõe sobre a definição das Microrregiões e Macrorregiões de Planejamento no Estado do Espírito Santo. Vitória: Governo do Estado do Espírito Santo,

O arranjo é revisto a partir da promulgação da Lei nº 11.174, de 25 de setembro de 2020, quando o município de Jerônimo Monteiro deixa de integrar a região Centro Sul e parra a integrar a região do Caparaó, tendo em vista que as normais legais promulgadas a partir de 1995, pois esperava-se potencializar as vocações produtivas dos espaços microrregionais, aliadas às especificidades da rede urbana dos municípios. Além disso, a partir de 2011, o Estado criou Conselhos de Planejamento e Articulação Regional (CPAR), como organismos consultivos e de participação social, tendo como base territorial as microrregiões já destacadas. Ademais, os Conselhos são regulamentados por Decreto, de iniciativa do Poder Executivo. Para Wagner Poltronieri Entringer, os Conselhos são importantes pelos seguintes motivos:

> O primeiro ponto importante dos Conselhos Regionais é que eles possuem representatividade e representantes de diversas áreas, de diversas instituições, e de diversas comunidades locais. Então, isso potencializa a visão e as propostas para o desenvolvimento da região, a base para aqueles que irão implementar a política, ou seja, integração entre as instituições e a comunidade.
> O segundo ponto importante é que quando você envolve a comunidade e as instituições locais, você cria um sentimento de pertencimento da comunidade, já que ela participa junto ao Poder Público das decisões.
> O terceiro ponto importante é a integração da administração com as instituições que geram o conhecimento científico, principalmente Ifes e Ufes. Isso é importante na execução das atividades, já que nós temos várias áreas críticas, no desenvolvimento econômico, na sustentabilidade etc. E essas instituições têm profissionais capacitados para atuar e para auxiliar o Estado e os agentes locais, que muitas vezes não têm o conhecimento científico, mas sim o prático, para colocar em prática as ações de desenvolvimento local (ENTRINGER, 2020).

A Figura 1 representa a nova divisão das microrregiões do Espírito Santo, definida a partir das normais legais citadas nas linhas anteriores.

José Ignácio Ferreira foi governador do Espírito Santo entre 1998 e 2020. Ele herdou uma crise financeira muito pior do que a de seus antecessores. 3 folhas de pagamento atrasadas e, por causa da aprovação da Lei Kandir[10], iniciou seu governo sem contar com os impostos oriundas da exportação de café. Teve um pedido de *impeachment* arquivado pela Assembleia Legislativa Estadual.

2011. Disponível em: http://www3.al.es.gov.br/Arquivo/Documents/legislacao/html/LEI97682011.html#a11. Acesso em: 14 out. 2020.

10 A Lei Kandir, ou Lei Complementar 87/1996, determinava, dentre outras coisas, que empresas exportadoras teriam isenção de ICMS, em exportação de produtos industrializados, primários e semielaborados, além usufruir de crédito fiscal, oriundo também do ICMS, sobre matérias primas utilizadas diretamente no processo de produção de produtos a serem exportados.

Figura 1 – Divisão Regional do Espírito Santo (Microrregiões de Planejamento)

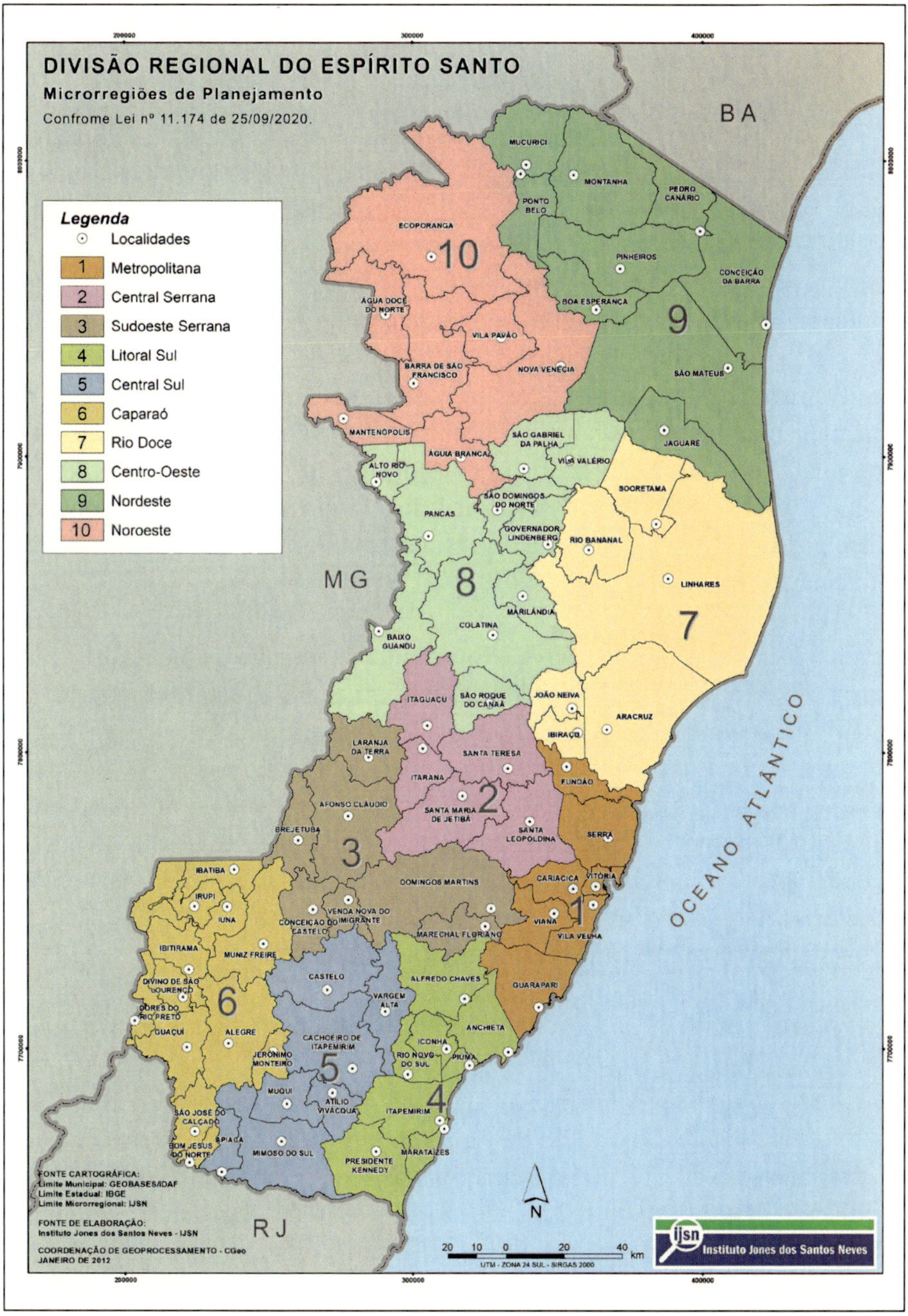

Fonte: IJSN[11].

---

11 Disponível em: http://www.ijsn.es.gov.br/mapas/. Acesso em: 14 out. 2020.

Mapeamento histórico dos planos de desenvolvimento e atuação dos Conselhos nas microrregiões do Caparaó, Sudoeste Serrana e Central Serrana

A partir de 2003, o Espírito Santo inicia um processo de tranquilidade política, além de uma reorganização das contas públicas. Os governos de Paulo Hartung (2003–2007, 2007–2011 e 2015–2019) e Renato Casagrande (2011–2015 e 2019–2023) fizeram políticas com o propósito de promover o desenvolvimento capixaba, incentivando a logística e as atividades industriais, e potencializando o crescimento econômico do interior, mediante a dinamização das atividades tradicionais e da agroindústria.

Dentro de tal perspectiva, as propostas de planejamento e desenvolvimento econômico implantadas a partir de 2003 foram orientadas para dinamizar o crescimento do Espírito Santo, tendo em vista as principais potencialidades das diversas microrregiões do território capixaba, notoriamente por suas especificidades e diversidades cultural, étnica, religiosa, econômica e social.

Aqui trataremos de 3 microrregiões: Caparaó, Central Serrana e Sudoeste Serrana que, diante da Lei 9.768/2011, esboçado na nota técnica 2, criou em seu art. 7º o chamado Conselho de Desenvolvimento Regional Sustentável, na tentativa de ouvir as demandas da população local e entender os desafios para o desenvolvimento, promovendo a integração e a participação da sociedade social, em seus mais diversos segmentos. Assim, os conselhos, através de seus conselheiros, proporão ações e propostas para potencializar o desenvolvimento local, a partir das potencialidades e particularidades dos municípios envolvidos nos arranjos produtivos locais, especialmente nas atividades turísticas, agronegócio, pecuária, cafeicultura, granjas, hortaliças etc.

Caparaó

A região do Caparaó abrange 11 municípios, Ibatiba, Irupi, Iúna, Ibitirama, Muniz Freire, Divino de São Lourenço, Dores do Rio Preto, Guaçuí, Alegre, São José do Calçado e Bom Jesus do Norte, representando 4,71% da população total do estado (IBGE, 2018). A região tem um grande potencial hídrico, com muitas cachoeiras, águas cristalinas, além de abranger o parque nacional do Caparaó, que atrai turistas o ano inteiro. No verão é possível desfrutar na reserva natural cachoeiras, trilhas, observação de animais etc. No inverno, com temperaturas que podem chegar abaixo de 0º C em locais mais altos, é ótimo para quem gosta de frio, natureza e tranquilidade.

A economia da região do Caparaó é pautada no setor de serviços, que representa 64% do PIB dos municípios, segundo fontes do IJSN e do IBGE de 2016, seguido pela agropecuária (18%), indústria (12%) e impostos (6%). O PIB per capita é de R$ 16.640,26, relativamente baixo, comparado com a média do estado. Os municípios acima dessa média são Guaçuí, Dores do Rio Preto e Irupi. O menor PIB per capita dessa região é do município de Ibatiba. No que se refere a receita líquida da microrregião do Caparaó, o município mais bem colocado é Divino de São Lourenço, com R$ 3.735,45, acima da média do estado. O município de Iúna tem a menor receita líquida, com R$ 1.967,98, segundo pesquisas do IJSN/TCE e do IBGE de 2017.

No que tange à saúde e educação, segundo pesquisa da Firjan, os municípios de Ibitirama e Alegre apresentam os maiores índices em saúde, os menores são de Ibatiba e Iúna. Na educação, Alegre também é destaque, devido às inúmeras instituições de ensino presentes no município, seguido por Muniz Freire e Dores do Rio Preto. Os menores índices são dos municípios de Ibatiba e Irupi.

O atendimento dos serviços básicos na microrregião do Caparaó, como abastecimento de água, coleta de lixo e coleta de esgoto, não são universalizados. Em média, a região está com níveis abaixo dos percentuais da média estadual. No quesito saneamento, o município de Bom Jesus do Norte lidera todos os serviços, com 94,96% de abastecimento, 95,27% da coleta de lixo e 94,06% de coleta de esgoto. Os municípios com os menores índices são Irupi com 41,39%, no que tange ao abastecimento de água. A coleta de lixo Divino de São Lourenço é de 50,18%. A coleta de esgoto do município de Ibitirama é de 36,67%, segundo dados da DATASUS de 2014.

Dentro do que foi exposto, o conselho da microrregião do Caparaó propõe ações destinadas à dinamização das atividades da região, mas, para que isso ocorra, é imperativo a solução de problemas voltados ao abastecimento, saneamento básico, melhoria do ensino municipal e coleta de lixo. Além disso, é muito importante políticas públicas orientadas à preservação dos mananciais, mediante um programa de reflorestamento nas margens de rios, córregos e nascentes. A seguir, indicaremos algumas demandas da região. No decorrer de nossa pesquisa, várias lideranças locais foram ouvidas. Sistematizamos abaixo as principais demandas indicadas, para a microrregião Caparaó:

1. necessidade de uma reforma agrária efetiva, com o propósito de fixar o homem no campo e mitigar os efeitos do êxodo rural;
2. promover a educação do campo, principalmente para os jovens, e capacitar a população sobre questões relacionadas ao meio ambiente;
3. elaborar políticas públicas para valorizar o homem do campo;

4. implementar maior fiscalização para reduzir a sonegação de impostos, pois esse fato prejudica no desenvolvimento dos municípios da microrregião do Caparaó;
5. elaborar projetos para criar condições de manter os jovens no município;
6. melhorar o acesso à internet e sinal de telefone, principalmente na zona rural;
7. fomento de políticas públicas para que o produtor rural reduza a utilização de agrotóxicos;
8. projetos para valorizar a mulher do campo e reduzir o índice de jovens que deixam a zona rural.

Central Serrana

A região Central Serrana é formada por 5 municípios; Santa Teresa, Santa Maria de Jetibá, Santa Leopoldina, Itaguaçu e Itarana. A região ocupa 6,44% do território estadual e sua população representa 2,58% do total do estado, segundo dados do IBGE, de 2018. A região central serrana tem um grande potencial turístico devido a quantidade de reservas ambientais, áreas de matas preservadas, uma forte tradição na culinária e costumes de origem pomerana e italiana.

A microrregião representa 1,94% do PIB estadual, com destaque para o setor de serviços, com 54%, seguido pela agropecuária (31%), indústria (9%) e os impostos (6%). O PIB per capita da região é de R$ 20.690, abaixo da média estadual, que é de R$ 27.487,45. O município que se destaca, no que se refere o PIB per capita, é Santa Maria de Jetibá com R$ 26.239,09. O município que apresenta o menor PIB da região é Santa Leopoldina, com R$ 15.562,70. O município de Santa Leopoldina tem a menor receita líquida da região com R$ 2.467,40 segundo dados do IJSN/TCE e IBGE 2017.

No que tange à saúde e à educação na região Central Serrana, o índice Firjan mostra que os municípios que se destacam em qualidade na saúde são Santa Leopoldina, Santa Maria de Jetibá e Itaguaçu, e o menor índice está no município de Itarana. Na educação, os municípios de Itaguaçu e Santa Teresa tem os melhores indicadores. O menor é o de Santa Leopoldina, mas ainda assim considerado alto, com 0,824, que varia entre 0 e 1 ponto.

O índice de desenvolvimento humano municipal o IDHM leva em consideração 3 categorias de análise a longevidade, escolaridade e renda, a média estadual é de 0,740, que é considerado alto. Na microrregião, os municípios que se destacam nesse quesito são Santa Teresa e Itaguaçu, com 0,714 e 0,702 respectivamente, o índice mais baixo fica em Santa Leopoldina com 0,626 segundo dados do Atlas Brasil.

O atendimento a serviços básicos como abastecimento de água, coleta de lixo e esgoto não estão universalizados na microrregião. O melhor índice de abastecimento de água é do município de Itaguaçu, com 58,93%. Santa Teresa tem os melhores índices de coleta de lixo (72,90%) e coleta de esgoto (46,27%). Os menores índices são do município de Santa Leopoldina, já que a coleta de esgoto não chega a 7%, segundo dados da DATASUS [2014]. Assim sendo, os desafios são grandes para os conselheiros da região Central Serrana. De acordo com o conselheiro Wagner Poltroniere, diretor-geral do Ifes Centro-Serrano,

> Com relação ao conselho da região Central Serrana, ele está em uma região importante para o Estado, principalmente em três aspectos: é uma região culturalmente muito forte, principalmente por causa do turismo; a questão da alimentar é importante, já que é uma região produtora de hortaliças, que abastece a Grande Vitória e a Ceasa; e a questão hídrica também é importante, porque basicamente dessa região que vem a água e os rios que abastecem a Grande Vitória. Então, nós temos aí já três elementos muito importantes dessa região. Quando você trabalha a questão da produção de hortaliças, é preciso pensar no aumento da produtividade sem o uso de agrotóxicos, com o uso sustentável da água. Nós também temos a questão do incentivo ao turismo, que precisa ser mais bem desenvolvido. Temos Domingos Martins e outras regiões importantes. Santa Maria precisa se desenvolver mais na área de turismo, já que é uma região muito rica para explorar o turismo cultural. Daí a importância dos Conselhos, que com a união da comunidade e com a parceria das prefeituras, tende a somar e desenvolver a região. Os conselhos são de apoio aos entes governamentais na implantação de políticas que irão trazer benefícios para a comunidade (ETRINGER, 2020).

Esses são os principais desafios e propostas para a microrregião Central Serrana:

1. Repensar a questão da exploração agrícola dos municípios, principalmente aqueles que abrigam a população pomerana, já que o uso de agrotóxicos é abusivo;
2. Promover políticas de reflorestamento de mananciais e margens de rio, já que os recursos hídricos da região são usados de maneira indiscriminada;
3. Repensar a questão da exploração de eucalipto, já que várias mudas da planta são plantadas em áreas outrora destinadas à agricultura ou mata virgem;
4. A região serrana é atrativa para as atividades turísticas. Assim, é preciso dinamizar as atividades ligadas ao turismo e agroindústria;

5. é preciso fiscalizar a ocupação do espaço, já que as propriedades estão sendo fragmentadas em lotes e chácaras de maneira indiscriminada, aumentando os índices de desmatamento e degradação de encostas, promovendo assim assoreamento de canais e rios;
6. muitos municípios cresceram nas margens de rios. Assim sendo, é necessário resolver a questão das redes de esgoto, já que, como destacado, muita coisa de casas, comércio, granjas e indústrias são lançadas nos rios sem o menor tratamento;
7. a cultura pomerana é muito fechada. Os índices de suicídio são elevados. É necessário promover políticas públicas para ajudar na saúde mental dos moradores da região.
8. a questão rodoviária é problemática. As maiorias das vias não são asfaltadas. É preciso lembrar que a região é voltada para as atividades agrícolas e da agroindústria. Quando chove, é impossível transitar, já que o trânsito de caminhões é grande. A interligação municipal, através da ampliação das vias asfálticas, é muito importante para o desenvolvimento econômico dos municípios que compõe a região Central Serrana.

A seguir, iremos indicar demandas da região, a partir de falas dos invisibilizados contemplados pela pesquisa, devidamente entrevistados pelos outros eixos temáticos e locais de nossa pesquisa:

1. Implantação de políticas públicas para as mulheres do campo. Criar Oficinas para capacitar e agregar valor aos produtos para manter o jovem no ambiente rural;
2. Oferta de Oficinas e capacitações para qualificar as pessoas do campo;
3. Fomentar políticas públicas para reduzir o êxodo rural, principalmente entre os jovens;
4. Implementar melhorias no sistema educacional, principalmente na oferta de curso de graduação;
5. Promover melhorias na malha rodoviária, notoriamente no interior da microrregião;
6. Investir em associações para acabar com a figura do atravessador, já que muitos produtores estão deixando a zona rural por causa dos baixos preços pagos à produção agrícola;
7. Investir na internet rural e universalizá-la para todos os habitantes do interior.

Sudoeste Serrana

A Região Sudoeste Serrana é composta pelos municípios de Conceição do Castelo, Domingos Martins, Marechal Floriano, Venda Nova do Imigrante, Brejetuba, Afonso Cláudio e Laranja da Terra. A região ocupa 8,30% do território estadual, e tem uma população estimada em 141.675 habitantes, o que corresponde a 3,57% da população estadual. A região tem forte influência da imigração alemã, italiana e pomerana, com destaque para o agroturismo, festas tradicionais e boa infraestrutura rodoviária, devido à BR 262 que corta a região, o que contribui para o turismo, principalmente o Parque Estadual da Pedra Azul, que atrai uma grande quantidade de turistas para a região anualmente, principalmente no inverno.

Na economia o PIB da região representa 2,45% do PIB estadual. Ele é formado por 61% de serviços, 20% da agropecuária, 12% da indústria e 7% de impostos; uma média de R$ 18.537,66. O destaque são os municípios de Marechal Floriano com, R$ 23.083,88, seguido por Venda Nova do Imigrante e Brejetuba. O menor PIB per capita da região é de Laranja da Terra, com R$11.655,36, segundo fontes do IJSN e IBGE (2016). A receita líquida da microrregião Sudoeste Serrana é de R$ 2.534,97, acima da média estadual. Os municípios com as maiores receitas líquidas são Marechal Floriano, Domingos Martins e Conceição do Castelo, que variam entre R$2944,11 e R$2.638,55. A menor receita líquida é do município de Laranja da Terra, segundo fontes do IJSN/TCE e IBGE (2017).

No que se refere à saúde e educação, o índice da região varia entre 0,805 e 0,974. O destaque são os municípios de Laranja da terra, Marechal Floriano e Venda Nova do Imigrante. O menor índice fica no município de Brejetuba, ainda assim considerado alto, com 0,805. Na educação, os índices se mantêm em um nível alto. Os destaques são Venda Nova do imigrante, com 0,917 seguido por Domingos Martins (0,896) e Marechal Floriano (0,878). Os menores índices são de Afonso Cláudio e Conceição do Castelo, ambos com 0,826, segundo dados da Fonte FIRJAN (2016).

No que tange aos Índices de desenvolvimento Humano Municipal, os destaques são Venda Nova do Imigrante e Marechal Floriano, considerados índices altos, com 0,728 e 0,710 respectivamente. Os menores índices são de Brejetuba e Laranja da Terra, ambos com 0,656. O atendimento a serviços básicos, como abastecimento de água, coleta de lixo e esgoto, não são universalizados. Venda Nova do Imigrante lidera todos os índices na microrregião, com 59,11% de abastecimento de água, 89,69% da coleta de esgoto e 62,52% da coleta de lixo, seguido por Conceição do Castelo com 55,48%, 67,21% e 49,79% respectivamente. Os menores índices são de Domingos Martins, Laranja da Terra e Marechal Floriano.

Os desafios são enormes para a microrregião. A atuação do Conselho é muito importante para propor soluções para potencializar o desenvolvimento econômico local e sanar as deficiências apontadas nas linhas anteriores. As principais demandas são:

1. Fomentar políticas públicas para potencializar o desenvolvimento das atividades tradicionais, notoriamente no turismo, agroindústria e agricultura;
2. Mitigar os efeitos do desmatamento, principalmente nas áreas mais próximas dos centros urbanos;
3. Promover políticas públicas efetivas de saneamento básico e distribuição de água;
4. Reflorestar áreas próximas às nascentes de águas;
5. Construir um hospital de referência na região, que que muitos moradores dos municípios buscam atendimento médico em Vitória;
6. Dinamizar o turismo, investindo na divulgação;
7. Melhorar a malha rodoviária estadual e municipal da região. A maioria dos asfaltos estão mal conservados;
8. Fiscalizar a exploração de eucalipto, já que áreas outrora destinadas à agricultura estão sendo ocupadas pelas árvores.

Feitas tais considerações, iremos indicar abaixo as demandas da população rural, a partir de sistematização feita com os dados computados pelas entrevistas dos envolvidos no projeto:

1. Promover o descarte adequado do lixo para melhorar o turismo na região;
2. Fomentar políticas públicas para que as pessoas consigam se manter no campo;
3. Repensar a distribuição e comercialização dos produtos agrícolas, pois os preços pagos aos produtores são muito baixos, comparados aos praticados nos supermercados;
4. Fazer uma maior Fiscalização nas empresas do ramo de mármore e granito da região;
5. Criar políticas públicas para reduzir o desmatamento da região;
6. Promover Políticas Públicas para reduzir as desigualdades de raça e gênero na região.
7. Despoluição do Rio Jucu;
8. Promover políticas públicas para reduzir o desmatamento causados pelo cultivo desenfreado do eucalipto e construção de condomínios.;
9. Incentivos ao Agroturismo;

10. Estabelecer políticas públicas para reduzir o êxodo rural, principalmente entre dos jovens;
11. Melhorias no tratamento de água e esgoto, pavimentação das estradas para escoar a produção e elaborar projetos ambientais para preservar as nascentes;
12. Maior participação do estado nos licenciamentos ambientais e urbanização dos municípios.

Em Terras Pomeranas: a microrregião Central-Serrana

A Microrregião Central Serrana é uma das mais ricas e plurais do Espírito Santo, especialmente por causa do turismo, agronegócio, agricultura etc. Assim sendo, podemos pontuar o fluxo da microrregião com as outras localidades do Espírito Santo, tendo em vista as principais potencialidades apontadas por nós ao longo da pesquisa.

No campo econômico, é notório que os municípios da microrregião têm grande destaque. O turismo é altamente lucrativo, fazendo a economia terciária local ter um bom dinamismo, principalmente para as atividades artesanais e supermercados. Além disso, muitos produtos primários consumidos principalmente na Região Metropolitana da Grande Vitória são produzidos pelos agricultores locais. As estradas municipais e estaduais permitem ampla circulação de mercadorias e pessoas. Possui uma economia voltada para agricultura familiar, além da cafeicultura e pecuária. A biodiversidade também é algo abundante nos municípios do Caparaó.

As potencialidades naturais merecem destaque. Por causa delas, a microrregião recebe turistas de todos os locais do Espírito Santo, do Brasil e do Mundo. O Parque Estadual Pedra Azul, localizado no município de Domingos Martins, é um importante cartão postal capixaba, acontecendo o mesmo com a Pedra do Garrafão, localizada em Santa Maria de Jetibá. O clima da microrregião atrai turistas de vários lugares. As cachoeiras de Santa Leopoldina também possuem grande destaque, atraindo muitos visitantes anualmente. Há uma grande quantidade de Mata Atlântica preservada graças ao Parque Nacional do Caparaó, que contribui para o turismo rural na região, além de inúmeras cachoeiras, como o Poço do Egito, em Iúna, e Patrimônio da Penha, no município de Divino de São Lourenço. Em alguns municípios do Caparaó existem comunidades tradicionais, como os quilombos e resquícios da cultura indígena, cujas tradições e costumes foram passados de geração em geração ao longo do tempo, no modo de plantar, colher, preparar os alimente e nas festividades.

As atividades culturais destacam a importância dos primeiros habitantes da região, em sua maioria imigrantes italianos, alemães etc. Muitas tradições históricas são vivas, repassadas para as gerações futuras por causa dos laços culturais e familiares. Um exemplo é a cultura pomerana, marca cultural expressiva de Santa Maria de Jetibá, cuja língua é preservada. O comércio local aliás, para contratar alguém, exige como pré-requisito o pleno domínio do idioma. As festas das cidades atraem turistas de vários locais do Espírito Santo e do Brasil. Isso gera um intenso intercâmbio comercial da microrregião com os outros municípios. O setor terciário e o agroturismo são beneficiados, permitindo grande circulação de pessoas de outros lugares, do Espírito Santo e do Brasil. Há muitos bares, restaurantes, casas de shows e as famosas festas tradicionais, como a Festa do Morango, em Pedra azul; Festa da Polenta e Serenata Italiana, em Venda Nova; o Festival Sommerfest e o Natal Luz, de Domingos Martins; a Italemanha, em Marechal Floriano; a Festa do Sanfoneiro e a Festa Portugália, em Conceição do Castelo; o Festival de Concertina, de Laranja da Terra; e tantas outras que incremental o calendário cultural e turístico dessa região, contribuindo, como destacado, para o desenvolvimento local.

Socialmente falando, percebemos que a população local é cordial, devido principalmente às particularidades turísticas da região. Os jovens dos municípios, como já apontado, não querem criar vínculos, indo estudar e trabalhar principalmente na Região Metropolitana da Grande Vitória. No entanto, muitas pessoas se dirigem à região em busca de oportunidades de emprego, especialmente por causa da agricultura, cafeicultura e as granjas, que demandam mão de obra abundante, barata e pouco especializada.

Devido sua proximidade com o estado de Minas Gerais, até mesmo pelas recentes disputas territoriais em torno do Parque Nacional do Caparaó, que abrange praticamente todos os municípios dessa região, criou-se uma relação muito próxima entre os municípios e Minas. Os municípios de Ibatiba, Iúna e Irupi, na divisa com o estado mineiro, têm uma relação econômica e social muito próxima aos municípios de Manhuaçu e Lajinha; principalmente no comércio em geral, como lojas e supermercados. Após a instalação do campus Ifes Ibatiba, essa relação ficou ainda mais próxima, já que muitos alunos do estado mineiro estudam nesse *campus*, sucedendo o mesmo com o Ifes *campus* Alegre.

Se tratando de saúde pública, o mapa da Secretaria de Estado da Saúde (SESA), que organiza os atendimentos especializados em polos regionais, a região do Caparaó é direcionada para o polo sul de Cachoeiro do Itapemirim, a maior e mais importante cidade do sul capixaba, que gera um fluxo mais próximo com a região Centro-Sul, que reverbera também no município de Castelo, que é referência para muitos municípios do Caparaó na área educacional e empregos, devido às inúmeras empresas de mármore e granito e do ramo da avicultura que lá existem.

Por fim, a microrregião possui grande intercâmbio político com os outros municípios. A região se destaca quando tratamos de lideranças políticas e movimentos associativos, fenômenos importantes para a promoção do desenvolvimento da região.

Conclusão

A Microrregião Central Serrana é muito diversa socialmente. A economia apresenta características peculiares, principalmente por causa do turismo, agronegócio e setor granjeiro. Todavia, é imperativo políticas mais efetivas do Poder Público para alavancar o desenvolvimento pleno da região. Como constantemente por nós destacado, a infraestrutura viária é um grande fator para atrasar o desenvolvimento da região, especialmente por causa das dificuldades de locomoção, que piora muito em época de chuvas, e escoamento da produção local.

Sobre os Conselhos, eles são importantes para o desenvolvimento planejado do Espírito Santo, especialmente o da Microrregião Central Serrana. Ele é um importante espaço de debate, onde os mais diversos segmentos da sociedade civil discutem com o Poder Público as melhores políticas públicas para dinamizar as atividades econômicas da região.

Por outro lado, os problemas da ocupação do espaço precisam ser problematizados e resolvidos com urgência. Muitos já foram apontados ao longo do estudo. Daí a importância do Conselho da Microrregião Central Serrana, um lócus de debate e proposição de alternativas para o crescimento sustentável dos municípios que compõe o arranjo.

Por fim, não temos a pretensão de esgotar os temas discutidos ao longo do estudo. A pandemia nos prejudicou em muitas coisas, especialmente na busca das fontes e nas entrevistas com os invisibilizados. Muitas críticas sofreremos, e temos plena consciência disso. Esperamos que as questões levantadas contribuam para a construção de um Espírito Santo melhor, onde o desenvolvimento sustentável e políticas públicas mais incisivas potencializem melhorias na qualidade de vida da Microrregião Central Serrana e de todo o Espírito Santo.

REFERÊNCIAS

Entrevistas

ENTRIGER, Wagner Poltronieri. **Entrevista**. Entrevista concedida a Diones Augusto Ribeiro, Santa Maria, 16 out. 2020.

LOPES FILHO, Christiano Dias. **Entrevista**. Entrevista concedida a Luiz Cláudio Moisés Ribeiro, Vitória, 12 nov. 2002.

SANTOS, Arthur Carlos Gerhardt. **Entrevista**. Entrevista concedida a Diones Augusto Ribeiro e Luiz Cláudio Moises Ribeiro, Vitória, 17 jul. 2014.

Fontes Primárias

ESPÍRITO SANTO. Decreto nº 831-N, de 7 de maio de 1976. Dispõe sobre a criação da Fundação Jones dos Santos Neves. **Diário Oficial [do] Espírito Santo**. Disponível em: http://www.ijsn.es.gov.br/Sitio/. Acesso em: 23 jan. 2014.

ESPÍRITO SANTO. Governador, 1967/1971 (Dias Lopes). **Desafio e resposta**: desenvolvimento do Estado do Espírito Santo, 1967/1970. Rio de Janeiro: Artenova, 1971.

ESPÍRITO SANTO. Lei nº 1.613, de 12 de fevereiro de 1961. **Diário Oficial do Espírito Santo**: seção I, n. 10.639, p.1, Vitória, ES, 12 fev. 1961.

Fontes Secundárias

BITTENCOURT, G. **Esforço industrial na república do Café**: o caso do Espírito Santo (1889–1930). Vitória: FCAA, 1982.

BITTENCOURT, G. **Espírito Santo**: a indústria de energia elétrica (1889/1978). Vitória: IHGES, 1984.

BITTENCOURT, G. **Formação econômica do Espírito Santo**: o roteiro da industrialização. Vitória: Departamento Estadual de Cultura do Espírito Santo, 1987.

BITTENCOURT, G. **História geral e econômica do Espírito Santo**: do engenho colonial ao complexo fabril-portuário. Vitória: Multiplicidade, 2006.

BRANDÃO, M. V. **Fundações Públicas de Planejamento**. 1983. 122 f. Dissertação (Mestrado em Administração) – Fundação Getúlio Vargas, Rio de Janeiro, 1983.

BRESSER-PEREIRA, L. C. **Desenvolvimento e crise no Brasil**: História, economia e política de Getúlio Vargas a Lula. 5. ed. São Paulo: Ed. 34, 2003.

BRESSER-PEREIRA, L. C. **Economia Brasileira**: uma introdução crítica. 3. ed. São Paulo: Ed. 34, 1998.

BRESSER-PEREIRA, L. C.; REGO, J. M. (org.). **A grande esperança em Celso Furtado**: ensaios em homenagem aos seus 80 anos. São Paulo: Editora 34, 2001.

BRESSER-PREREIRA, L. C. Método y pasión en Celso Furtado. **Revista de la Cepal**, Santiago, n. 84, p. 21, dec. 2004.

CARDOSO, C. F.; BRIGNOLI, H. P. **Os Métodos da História**. 5. ed. Rio de Janeiro: Edições Graal, 1990.

CASANOVA, Pablo Gonzáles. **Colonialismo Interno**: Una Redefinición. Disponível em: http://biblioteca.clacso.edu.ar/ar/libros/campus/marxis/P4C2Casanova.pdf. Acesso em: 12 fev. 2014.

CASTIGLIONI, A. H. Imigração san-marinense no Estado do Espírito Santo. *In*: REGINATO, M. (org.). **De San marino ao Espírito Santo**: fotografia de uma imigração. Vitória: Edufes, 2004.

CHALHOUB, S.; PEREIRA, L. A. M. (org.). **A história contada**: capítulos da História Social da literatura no Brasil. 3. ed. Rio de Janeiro: Nova Fronteira, 1998.

CHAUVEAU, A.; TÈTARD, P. (org.). **Questões para a história do tempo presente**. São Paulo: EDUSC, 1999.

DENYSARD. O. A.; SAYAD, J. O Plano Estratégico de Desenvolvimento (1968–1970). *In*: MINDLIN, B. (org.). **Planejamento no Brasil**. 5. ed. São Paulo: Perspectiva, 2003.

ESPÍRITO Santo: Bom Jesus do Norte. **IBGE**. https://cidades.ibge.gov.br/brasil/es/bom-jesus-do-norte/historico. Acesso em: 18 set. 2020.

ESPÍRITO Santo: Bom Jesus do Norte. **IBGE**. https://cidades.ibge.gov.br/brasil/es/bom-jesus-do-norte/historico. Acesso em: 18 set. 2020.

ESPÍRITO Santo: Divino São Lourenço. **IBGE**. Disponível em: https://cidades.ibge.gov.br/brasil/es/divino-de-sao-lourenco/historico. Acesso em: 2 set. 2020.

ESPÍRITO Santo: Guaçuí. **IBGE**. Disponível em: https://cidades.ibge.gov.br/brasil/es/guacui/historico. Acesso em: 3 set. 2020.

ESPÍRITO Santo: Ibitirama. **IBGE**. Disponível em: https://cidades.ibge.gov.br/brasil/es/ibitirama/historico. Acesso em: 1 set. 2020.

ESPÍRITO Santo: Santa Leopoldina. **IBGE**. Disponível em: https://cidades.ibge.gov.br/painel/historico.php?codmun=320450. Acesso em: 11 jan. 2018.

ESPÍRITO Santo: Santa Leopoldina. **IBGE**. Disponível em: https://cidades.ibge.gov.br/painel/historico.php?codmun=320450. Acesso em: 11 jan. 2018.

ESPÍRITO Santo: São José dos Calçados. **IBGE**. Disponível em: https://cidades.ibge.gov.br/brasil/es/sao-jose-do-calcado/historico. Acesso em: 3 set. 2020.

FERREIRA, Y. N. Industrialização e urbanização no Paraná. **Geografia**, Londrina, v. 3, n. 3, p. 113-128, 1985. Disponível em: http://www.uel.br/revistas/uel/index.php/geografia/issue/view/687. Acesso em: 6 jan. 2020.

FUKUDA, R. F. **Estado e Políticas Públicas**: industrialização e fragmentação social – o caso de Anchieta e Guarapari (1960–2004). 2012. 146 f. Dissertação (Mestrado em História) – Universidade Federal do Espírito Santo, Vitória, 2012.

FURTADO, C. **Não à recessão e ao desemprego**. São Paulo: Paz e Terra, 1983.

FURTADO, C. **O Brasil Pós-"Milagre"**. 8. ed. São Paulo: Paz e Terra, 1983.

FURTADO, C. **O Plano Trienal e o Ministério do Planejamento**. Rio de Janeiro: Contraponto: Centro Internacional Celso Furtado, 2011.

GINZBURG, C. **O queijo e os Vermes**. São Paulo: Cia das Letras, 2012.

GURGEL, A. D. P. (org.). **Memória Política do Espírito Santo**: a trajetória dos ex-presidentes da Assembleia Legislativa. Vitória: Contexto Jornalismo e Assessoria, 2000.

HESS, R. R. **Santa Maria de Jetibá**: uma comunidade teuto-capixaba. Vitória: Edufes, 2014.

HESS, R. R.; FRANCO, S. F. **A República no Espírito Santo**. Vitória: Multiplicidade, 2003.

HISTÓRIA de Domingos Martins. **Ache tudo e região**. Disponível em: http://www.achetudoeregiao.com.br/es/domingos_martins/historia.htm. Acesso em: 11 jan. 2018.

HISTÓRIA de Santa Maria de Jetibá. **Jetibá online**. Disponível em: http://jetibaonline.com/historia/. Aceso em: 11 jan. 2018.

HISTÓRIA de Santa Maria de Jetibá. **Jetibá online**. Disponível em: http://jetibaonline.com/historia/. Aceso em: 11 jan. 2018.

HISTÓRIA de Santa Maria de Jetibá. **Visite o Brasil**. Disponível em: https://www.visiteobrasil.com.br/sudeste/espirito-santo/rota-caminhos-do-imigrante/historia/santa-maria-de-jetiba. Acesso em: 10 jan. 2018.

HISTÓRIA do Município. **Afonso Cláudio**. Disponível em: http://www.afonsoclaudio.es.gov.br/site/municipio/historia/. Acesso em 17 ago. 2020.

HISTÓRIA do Município. **Afonso Cláudio**. Disponível em: http://www.afonsoclaudio.es.gov.br/site/municipio/historia/. Acesso em 17 ago. 2020.

HISTÓRIA do Município. **Brejetura**. Disponivel em: https://www.brejetuba.es.gov.br/pagina/ler/1000/historia. Acesso em: 19 ago. 2020.

HISTÓRIA do município. **Ibitirama**. Disponível em: https://www.ibitirama.es.leg.br/detalhe-da-materia/info/historia-de-ibitirama-es/6512. Acesso em: set. 2020.

HISTÓRIA do município. **Irupi**. Disponível em: http://www.irupi.es.gov.br/2015/municipio.asp. Acesso em: 2 set. 2020.

HISTÓRIA do município. **Prefeitura de Guaçuí**. Disponível em: http://www.cmguacui.es.gov.br/pagina/ler/1000/historia. Acesso em: 3 set. 2020.

HISTÓRIA do município. **Santa Leopoldina**. Disponível em: http://www.santaleopoldina.es.gov.br/Conteudo.aspx?ct=HISTORIA&no=1. Acesso em: 11 jan. 2018.

HOBSBAWM, E. A história de baixo para cima. *In*: HOBSBAWM, E. **Sobre História**. São Paulo: Cia das Letras, 1998.

INVENTÁRIO da oferta turística do município de Alegre. **Observatório do Turismo**, [*s. l.*], 2005. Disponível em: https://observatoriodoturismo.es.gov.br/Media/observatorio/Pesquisas/Inventarios%20Municipais/Alegre.pdf. Acesso em: 2 set. 2020.

JÚNIOR, C. P. **História Econômica do Brasil**. 42. ed. São Paulo: Brasiliense, 1994.

LOPES FILHO, C. D. Do PSD ao Governo do Estado. In: GURGEL, A. D. P. (org.). **Memória Política do Espírito Santo**: a trajetória dos ex-presidentes da Assembleia Legislativa. Vitória: Contexto Jornalismo e Assessoria, 2000.

LOPES FILHO, C. D. *et al*. **Memórias do Desenvolvimento**. Vitória: Multiplicidade, 2004.

LOSADA MOREIRA, Vania Maria. **Brasília**: a construção da nacionalidade: um meio para muitos fins. Vitória: Edufes, 1998

LUKÁCS, G. **História e Consciência de Classe**. Rio de Janeiro: Zahar, 1989

MEDEIROS, A. C. de. **Espírito Santo**: a industrialização como fator da desautonomia relativa. 1977. 177 f. Dissertação (Mestrado em Administração) – Fundação Getúlio Vargas, Rio de Janeiro, 1977.

MENDONÇA, S. R. de. **Estado e economia no Brasil**: opções de desenvolvimento. 3. ed. Rio de Janeiro: Graal, 1998.

MOREIRA, V. M. L. A produção histórica dos "vazios demográficos": guerras e chacinas no Vale do Rio Doce (1880–1830). **Revista do Departamento de História da Ufes**, EDUFES, Vitória, n. 9, 2001.

OBSERVATÓRIO do Turismo. **Bom Jesus do Norte**. Disponível em: https://observatoriodoturismo.es.gov.br/Media/observatorio/Pesquisas/Inventarios%20Municipais/Bom%20Jesus%20do%20Norte.pdf. Acesso em: 17 set. 2020.

OBSERVATÓRIO do Turismo. **Guaçuí**. Disponível em: https://observatoriodoturismo.es.gov.br/Media/observatorio/Pesquisas/Inventarios%20Municipais/Gua%C3%A7u%C3%AD.pdf. Acesso em: 3 set. 2020.

OBSERVATÓRIO do Turismo. **Ibitirama**. Disponível em: https://observatoriodoturismo.es.gov.br/Media/observatorio/Pesquisas/Inventarios%20Municipais/Ibitirama.pdf. Acesso em: 1 set. 2020.

OBSERVATÓRIO do Turismo. **Irupi**. Disponível em: https://observatoriodoturismo.es.gov.br/Media/observatorio/Pesquisas/Inventarios%20Municipais/Irupi.pdf. Acesso em: 2 set. 2020.

OBSERVBATÓRIO do Turismo. **Bom Jesus do Norte**. Disponível em: https://observatoriodoturismo.es.gov.br/Media/observatorio/Pesquisas/Inventarios%20Municipais/Bom%20Jesus%20do%20Norte.pdf. Acesso em: 17 set. 2020.

OBVERVATÓRIO do Turismo. **Divino de São Lourenço**. Disponível em: https://observatoriodoturismo.es.gov.br/Media/observatorio/Pesquisas/Inventarios%20Municipais/Divino%20de%20S%C3%A3o%20Louren%C3%A7o.pdf. Acesso em: 2 set. 2020.

OLIVEIRA, Ueber José de. **Configuração político-partidária do Estado do Espírito Santo no contexto do Regime Militar**: um estudo regional acerca das trajetórias de Arena e MDB (1964–1982). 2013. Tese (Doutorado em Ciência Política) – Universidade Federal de São Carlos, São Paulo, 2013.

PETRONE, M. T. S. **O imigrante e a pequena propriedade (1824–1930)**. São Paulo: Brasiliense, 1982.

PREFEITURA de Afonso Claudio. **História**. Disponível em: http://www.afonsoclaudio.es.gov.br/site/. Acesso em: 19 set. 2020.

PREFEITURA de Alegre. **História e lendas de Alegre**. Disponível em: https://alegre.es.gov.br/site/index.php/a-cidade/historia/historia-e-lenda. Acesso em: 3 set. 2020.

PREFEITURA de Brejetuba. **Conheça Brejetuba**. Disponível em: https://www.brejetuba.es.gov.br/pagina/ler/1044/conheca-brejetuba. Acesso em: 19 set. 2020.

PREFEITURA de Dores do Rio Preto. **História do município**. Disponível em: https://www.pmdrp.es.gov.br/detalhe-da-materia/info/historia-do-municipio/6506. Acesso em: 3 set. 2020.

PREFEITURA de Ibatiba. **História do município**. Disponível em: https://www.ibatiba.es.gov.br/pagina/ler/14/historia. Acesso em: 18 set. 2020.

PREFEITURA de Iúna. **História de Iúna**. Disponível em: https://camaraiuna.es.gov.br/historia.html. Acesso em: 2 set. 2020.

PREFEITURA de Venda Nova do Imigrante. **Histórico**. Disponível em: http://vendanova.es.gov.br/website/site/Historico.aspx. Acesso em 19 set. 2020.

REGIÃO Caparaó Capixaba. **Divino de São Lourenço**. Disponível em: http://regiaocaparaocapixaba.tur.br/divino-de-sao-lourenco-o-que-fazer/. Acesso em: 2 set. 2020.

REGIÃO Capixaba Tour. **Agenda de eventos de Guaçuí**. Disponível em: https://regiaocaparaocapixaba.tur.br/agenda-de-eventos-de-guacui/. Acesso em: 3 set. 2020.

RIBEIRO, D. A. **Busca à Primeira Grandeza**: o Espírito Santo e o Governo Moniz Freire (1892–1896). 2008. 177 f. Dissertação (Mestrado em História) – Universidade Federal do Espírito Santo, Vitória, 2008.

RIBEIRO, D. A. **O Elo Perdido**: o Conselho de Desenvolvimento Econômico do Espírito Santo – Codec (1950–1980). 2016. 302 f. Tese (Doutorado em História) – Universidade Federal do Espírito Santo, Vitória, 2016.

RIBEIRO, F. A. **FINDES 50 anos**: a História da Federação das Indústrias do Estado do Espírito Santo. Vitória: FINDES, 2010.

RICOEUR, P. **Tempo e Narrativa**. São Paulo: Martins Fontes, 2010. t. 2.

ROCHA, G. **Imigração estrangeira no Espírito Santo (1847–1896)**. Vitória: [s. n.], 2000.

ROCHA, H. C.; MORANDI, Â. M. **Cafeicultura & Grande Indústria**: a transição no Espírito Santo (1955–1985). Vitória: FCCA, 1991.

SALETTO, N. **Partidos políticos e eleições no Espírito Santo da Primeira República**. [no prelo].

SALETTO, N. **Trabalhadores nacionais e imigrantes no mercado de trabalho do Espírito Santo (1888–1930)**. Vitória: Edufes, 2003.

SALETTO, N. **Transição para o trabalho livre e pequena propriedade no Espírito Santo**. Vitória: Edufes, 1996.

SANDRONI, P. **Novíssimo dicionário de Economia**. 12. ed. São Paulo: Best Seller, 2003.

SANTOS, E. F. dos. **Memória do Desenvolvimento do Espírito Santo**: grandes Nomes: Américo Buaiz. Vitória: Espírito Santo em Ação, 2011.

SCHWARCZ, L. M. **O espetáculo das raças**: cientistas, instituições e questão racial no Brasil (1870–1930). São Paulo: Cia das Letras, 1995.

THOMPSON, P. **A voz do passado**: História oral. 2. ed. São Paulo: Paz e Terra, 1978.

TSCUDI, J. J. **Viagem à província do Espírito Santo**: imigração e colonização suíça 1860. Vitória: APEES, 2004.

VIEIRA, C. A. **A política fiscal no Brasil**: limites e contradições: o caso do Espírito Santo. 1986. 180 f. Dissertação (Mestrado em Administração) – Fundação Getúlio Vargas, Rio de Janeiro, 1986.

VIEIRA, J. E. **30 anos das finanças públicas do Estado do Espírito Santo (1967/1998)**: sua história, crises e consequências. Vitória: Edição do Autor, 1998.

ZORZAL, M. **Espírito Santo**: estado, interesses e poder. 1986. Dissertação (Mestrado em Administração Pública) – Fundação Getúlio Vargas, Rio de Janeiro, 1986.

ZORZAL, M. **Espírito Santo**: Estado, interesses e poder. Vitória: SPDC: FCAA: UFES, 1995.

CAPÍTULO 2

COVID-19 E O ENSINO REMOTO:
um estudo de caso dos impactos da pandemia na educação no estado do Espírito Santo

Mariana Luz Patez[12]
Leonardo Bis dos Santos[13]

Introdução

O ano de 2020 foi marcado por uma durável crise sanitária, provocada pelo novo coronavírus (SARS-CoV-2) e a doença causada por ele (covid-19) que inviabilizou o prosseguimento de diversos setores da esfera social em função do perfil rápido de contaminação.

O desnudamento e a intensificação das desigualdades sociais manifestadas neste período chamaram a atenção para problemas estruturais na educação –que não foram criados pela pandemia, mas evidenciados por ela.

A reunião de todos os familiares, *full time* no mesmo espaço chamou atenção para as condições de moradia, acesso à tecnologia por meio de equipamentos, internet e telefonia móvel, precariedade dos vínculos de trabalho, violência intrafamiliar, qualidade da saúde mental entre tantas outras coisas.

Este artigo surgiu como consequência da investigação realizada para a pesquisa Desenvolvimento Regional Sustentável que visa a produção de dados estratificados por microrregião, no estado do Espírito Santo, região Sudeste do Brasil (a mais desenvolvida em termos industriais do país), extraídos localmente e refinados em busca de qualificar e gerar propostas mais eficientes de desenvolvimento pautado na promoção da qualidade de vida sem comprometer o futuro das gerações seguintes.

A ideia de desenvolvimento almejada por nós passa pela lógica da equidade, aparados por duas questões — a ampliação da qualidade de vida dos habitantes e ampliação da renda com vistas à redução das desigualdades sociais sem o comprometimento do meio ambiente de uma determinada região.

---

12 E-mail: maripatez@gmail.com.
13 E-mail: leonardo.bis@ifes.edu.br.

A produção deste artigo se deu como desdobramento e registro dos desafios e alternativas de novos fazeres promovidos pela realidade imposta ao ensino realizado fora das escolas, que foram identificadas pelos próprios usuários e colaboradores da educação, entrevistados ou respondentes do formulário aplicado.

Apresentamos a seguir os resultados encontrados em cada uma das três microrregiões, com os apontamentos identificados pelos usuários e colaboradores dos serviços de educação durante o processo de ensino na pandemia. Na sequência, discutimos as implicações do afastamento dos estudantes em sala de aula e, por fim, nas considerações finais, uma breve reflexão sobre o desenvolvimento deste trabalho considerando os dados reunidos.

Caminhos metodológicos

Trata-se de diagnóstico, no âmbito da relação entre educação e a pandemia de covid-19, voltado às microrregiões Caparaó, Central Serrana e Sudoeste Serrana, comporta por 23 (vinte e três) municípios, que somados, possuem 376.182 habitantes, segundo o último censo no Brasil (2010). Estimativas apontam para um total de 430.817 pessoas residindo, atualmente, no mesmo recorte geográfico (IBGE, 2019).

DESENVOLVIMENTO REGIONAL SUSTENTÁVEL

Figura 1 – Localização no território das microrregiões administrativas

Nota: Os pontos indicados no mapa das microrregiões correspondem às instituições de ensino.
Fonte: IJSN (2020).

A metodologia desenhada para esta investigação foi a abordagem mista — quantitativa e qualitativa, mesclando instrumentos de campo semiestruturados (grupos focais e entrevistas em profundidade), estruturados (questionários), bem como recursos de análise documental. Trata-se de um estudo de caso, segundo Yin (2001), com triangulação de dados primários e secundários, quantitativos e qualitativos. Essa abordagem foi escolhida, tendo em vista a complexidade das questões abordadas e a natureza interdisciplinar da composição do quadro de pesquisadores, que possibilitou interpretações mais amplas e maior compreensão dos problemas da pesquisa.

> A pesquisa de métodos mistos é uma abordagem de investigação que combina ou associa as formas qualitativas e quantitativas. Envolve suposições filosóficas, o uso de abordagens qualitativas e quantitativas e a mistura das duas abordagens em um estudo. Por isso, é mais do que uma simples coleta e análises dos dois tipos de dados; envolve também o uso das duas abordagens em conjunto, de modo que a força geral de um estudo seja maior do que a da pesquisa qualitativa ou quantitativa isolada (CRESWELL; PLANO CLARK, 2007 *apud* CRESWELL, 2010, p. 27).

Para subsidiar a coleta, os dados primários foram considerados estratégias de investigação que considerou a pesquisa de levantamento. Para os dados quantitativos, apoiamo-nos em Babbie (1990) para proporcionar "uma descrição quantitativa ou numérica de tendências, de atitudes ou de opiniões de uma população, estudando uma amostra dessa população". Utilizou como ferramenta um formulário abrigado no ambiente virtual. Este questionário composto por questões abertas, fechadas e com possibilidades de múltiplas respostas foi direcionado a pessoas atuantes no campo da educação dos municípios que compõem o recorte geográfico da pesquisa — estudantes finalistas do ensino médio, técnico, profissional e superior; docentes das redes municipais, estaduais e federais de escolas públicas e privadas, instituições da sociedade civil vinculas à educação e lideranças locais que se relacionam com a pauta educacional.

A coleta de dados foi realizada durante o mês de setembro de 2020, respondidos entre os dias 4 e 29 e contou com 61 (sessenta e um) respondentes válidos.

Os dados colhidos junto aos entrevistados, através do instrumento quantitativo, foram submetidos à análise de frequências, como uma maneira simples e conveniente de organizar os dados e extrair mensagens básicas que os dados contêm.

Para a coleta de dados qualitativos foram adotados a pesquisa em profundidade, grupos focais e análise a partir de documentos, como os protocolos da Secretaria Estadual de Educação com as orientações de procedimentos durante a pandemia.

A pesquisa em profundidade foi concebida a partir de um roteiro estruturado e direcionada a lideranças reconhecidas pelo papel que desempenham na educação do Espírito Santo.

A partir de então seguimos com a técnica popularmente conhecida no campo acadêmico como bola de neve. A técnica foi intencionalmente escolhida com o intuito de identificar atores reconhecidos e com saberes validados por seus pares na temática pesquisada.

> O tipo de amostragem nomeado como bola de neve é uma forma de amostra não probabilística, que utiliza cadeias de referência. [...] A execução da amostragem em bola de neve se constrói da seguinte maneira: para o pontapé inicial, lança-se mão de documentos e/ou informantes-chaves, nomeados como sementes, a fim de localizar algumas pessoas com o perfil necessário para a pesquisa, dentro da população geral. Isso acontece porque uma amostra probabilística inicial é impossível ou impraticável, e assim as sementes ajudam o pesquisador a iniciar seus contatos e a tatear o grupo a ser pesquisado. Em seguida, solicita-se que as pessoas indicadas pelas sementes indiquem novos contatos com as características desejadas, a partir de sua própria rede pessoal, e assim sucessivamente e, dessa forma, o quadro de amostragem pode crescer a cada entrevista, caso seja do interesse do pesquisador (VINUTO, 2014, p. 203).

A entrevista em profundidade permite de forma subjetiva aprofundar a temática em investigação conferindo liberdade de expressão ao entrevistado e a garantia do foco pelo entrevistador, justificando a ausência de amostra com rigor estatístico (GIL, 2010, p. 137).

Foram realizadas 12 (doze) entrevistas em profundidade entre os dias 31 de agosto a 2 de outubro de 2020. As entrevistas aconteceram em formato virtual e contou com mediação da plataforma de comunicação *Google Meet*.

Outro recurso utilizado para a coleta qualitativa foi a execução de grupo focal com estudantes das microrregiões. Levar em consideração as demandas da juventude coaduna com a proposta de incluir um grupo, normalmente, invisibilizados em suas pautas. Neste contexto, os jovens foram estimulados a pensar localmente e levantar questões sobre a educação que afetam seus cotidianos e planejamentos futuros. Segundo Gatti (2005, p.11):

> O trabalho com grupos focais permite compreender processos de construção da realidade por determinados grupos sociais, compreender práticas cotidianas, ações e reações a fatos e eventos, comportamentos e atitudes, construindo-se uma técnica importante para o conhecimento da representações, concepções, crenças, hábitos, valores, restrições, preconceitos, linguagens e simbologias prevalentes no trato de uma dada questão por pessoas que partilham alguns traços em comum relevantes para o estudo do problema visado.

A escolha dos entrevistados foi pautada pela ideia de ampla participação, considerando os diversos segmentos ligados a educação com o intuito de identificar as demandas, os interesses e os problemas sociais locais e suas identidades foram preservadas.

Em virtude do risco de contágio pela covid-19 a execução do campo presencial foi inviabilizada e as percepções subjetivas de leitura captadas neste tipo de abordagem não foi possível. Outra dificuldade recorrente em realizar a coleta primária *on-line* consistiu na indisponibilidade de agenda, já que parte dos colaboradores desta pesquisa estavam mantendo o isolamento social e trabalhado/estudando em *home/school office* todas as atividades sociais e de trabalho estavam mediadas por comunicação *on-line*, ou seja, pouco tempo disponível para mais uma atividade.

Resultados alcançados nas microrregiões

Diante de tantos desafios, apresentamos as perspectivas dos usuários do sistema de educação — gestores estaduais e regionais, docentes, discentes e sociedade civil — sobre esta temática, reconhecendo que são eles os maiores impactados.

Microrregião Central Serrana

O período de isolamento social afetou diversos setores. Sem que houvesse planejamento antecipado as aulas foram suspensas e os estudantes orientados a permanecerem em casa. Esta medida afetou muitas categorias, principalmente, estudantes e professores.

Gráfico 1 — Categoria educacional mais afetada pela pandemia (%)

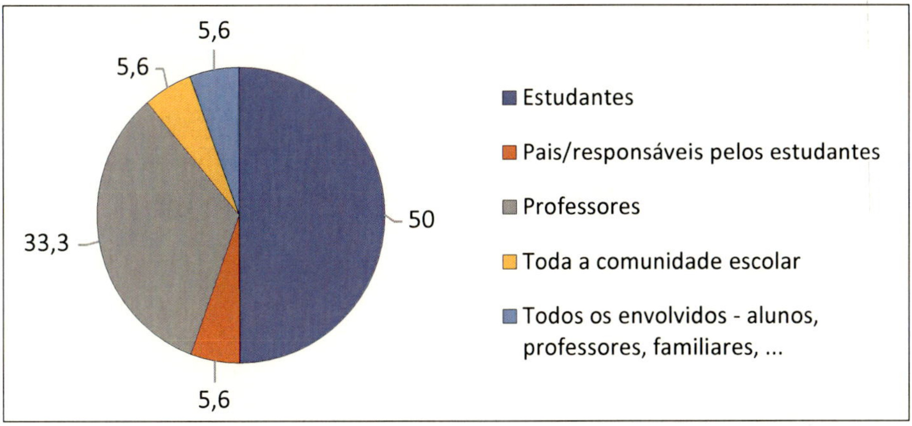

- Estudantes: 50
- Pais/responsáveis pelos estudantes: 5,6
- Professores: 33,3
- Toda a comunidade escolar: 5,6
- Todos os envolvidos - alunos, professores, familiares, ...: 5,6

Fonte: Dados produzidos pelos pesquisadores.

Para os estudantes o principal desafio foi a adaptação ao novo formato de estudar. O formato mudou, mas a metodologia não — o modelo e quantidade de atividades continuaram iguais ao período em que as aulas estavam presenciais, desconsiderando a disponibilidade de ferramentas — físicas, como computadores e acesso à internet e, emocionais, como o gerenciamento do tempo e as questões domésticas. Se antes o estudante possuía o aparato da escola, com professores e colegas pra auxiliar o aprendizado, agora é preciso fazer sozinho e, quando muito, mediado pelo contato virtual.

> [...] mesmo a gente não tendo que estar ali presencialmente são muitas atividades pra entregar. Você tem que se dedicar muito mais do que no período normal. Mas tá rolando. Vou admitir que no começo eu sofri bastante. Assim, eu não conseguia administrar bem meu tempo, não consegui preparar muito bem as coisas. Porque estudar no ambiente familiar é muito difícil, você não consegue se desligar dos problemas (S.C., estudante de graduação).
> O problema é em casa que você possui mais distração né, tem que focar né. É difícil! (A.F., estudante ensino médio integrado).

Em relação aos professores, enfrentaram problemas semelhantes aos estudantes no que diz respeito ao gerenciamento do tempo, acesso de equipamentos e internet. Além das atividades de trabalho, que não foram interrompidas no período de pandemia, ainda precisam dar conta das atividades domésticas. Foi necessário aprender rapidamente a linguagem e o manuseio das ferramentas digitais. Durante este período de atividades remotas, constatamos muito improviso para gravar e transmitir as aulas sem os equipamentos adequados. No retorno das atividades presenciais, o trabalho dobrou, literalmente, pois não havendo obrigatoriedade da presença dos estudantes na escola fez-se necessário preparar aulas para as duas modalidades.

Um dos grandes limitadores para melhorar o desempenho das atividades de professores e estudantes neste período foi a qualidade da internet oferecida. A disponibilização deste recurso em áreas menos populosas requer investimentos, e as empresas que possuem a concessão do sistema de telecomunicações dessas regiões julgam não ter retorno lucrativo. Desta forma, as áreas rurais com menor densidade demográfica e zona urbana de cidades no interior ficam limitadas a serviços caros e com qualidade insatisfatória.

É possível observar que mesmo nas unidades escolares, onde o serviço é disponibilizado pelo Programa Banda Larga nas Escolas e Atendimento Rural, a velocidade disponibilizada ainda é muito limitada. Na residência da maioria dos estudantes o cenário não é diferente.

Quadro 1 – Escolas atendidas pelo Programa Banda Larga nas Escolas e Atendimento Rural

	Velocidade de acesso instalada (Mbps)	Localização			
		Rural		Urbana	
		Nº de escolas	%	Nº de escolas	%
Central Serrana	0,256	70	93,3	0	0,0
	2,000	0	0,0	27	84,4
	5,000	0	0,0	1	3,1
	5,200	1	1,3	0	0,0
	5,900	1	1,3	0	0,0
	6,200	1	1,3	0	0,0
	8,650	1	1,3	0	0,0
	10,000	0	0,0	3	9,4
	11,000	1	1,3	0	0,0
	15,000	0	0,0	1	3,1

Fonte: Anatel (2020).

Para os estudantes que não dispunham de ferramentas para o acesso *on-line*, a recomendação foi utilizar o recurso de material impresso entregue pela escola, para realizar as atividades educativas, mediante agendamento para retirada e posterior entrega do material na unidade escolar.

De acordo com a percepção dos entrevistados, usuários e colaboradores, dos serviços de educação, mais de 55% dos estudantes não acessaram nenhum tipo de material disponibilizado pelas instituições de ensino, seja material impresso ou digital.

Gráfico 2 – Acesso aos instrumentos de ensino disponibilizados pela escola

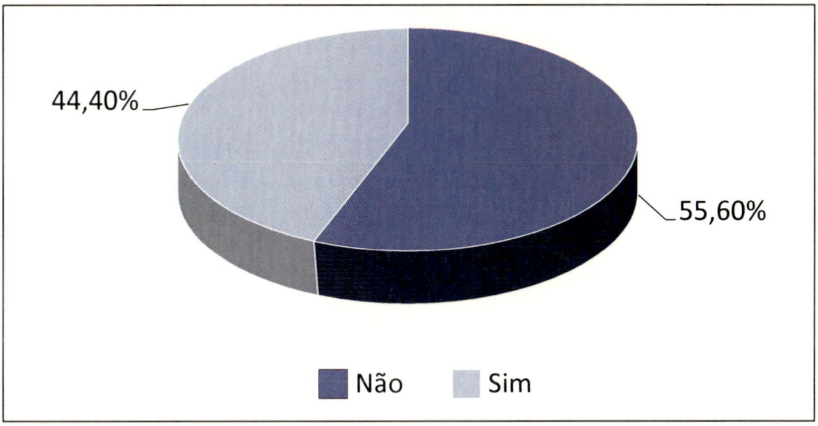

- 44,40% — Sim
- 55,60% — Não

Fonte: Dados produzidos pelos pesquisadores.

Outra estratégia, faz referência ao Projeto Busca Ativa Escolar[14], que recorre a toda a rede de apoio do município, especialmente, através dos agentes comunitários de saúde, para localizar e manter o vínculo do estudante com a unidade escolar. Entretanto, apenas um município desta microrregião consta como "ativo" na utilização da plataforma disponibilizada pelo projeto para minimizar os impactos de possíveis evasões.

Microrregião Sudoeste Serrana

A crise sanitária provocada pela pandemia de covid-19 alterou o fazer de muitos trabalhadores. Além do comércio e escolas fechadas por um longo período, o meio rural também enfrentou dificuldades na condução de suas atividades e no interior do Espírito Santo manifestou-se na produção da agroindústria.

Para as famílias empregadoras houve redução na mão de obra e para os funcionários, redução de emprego e renda. Em ambos os casos, na maioria das vezes, os estudantes mais velhos foram cooptados para o trabalho, seja pra suprir a mão de obra ou buscar uma atividade extra para compor a renda familiar.

---

14 Para saber mais sobre este programa consulte o link: https://buscaativaescolar.org.br/.

Os estudantes menores, que dependem do auxílio dos adultos para desenvolver as tarefas da escola, vem sendo negligenciados no processo de ensino pela falta de tempo e também da habilidade de ensinar de seus responsáveis.

> Impactou o meio rural. Não teve mão de obra para a colheita do café e perderam parte da sua produção. Os estudantes, jovens, precisaram trabalhar. Os produtores consideraram o auxílio emergencial responsável pela ausência de trabalhadores (H.D., gestor público regional).

Para os usuários e colaboradores do campo educacional, não há dúvidas sobre o impacto causado no segmento do alunado. O impacto provocado pela interrupção das aulas afetou diretamente o processo de ensino e aprendizagem, a interação entre pares e a saúde emocional de estudantes.

Gráfico 3 – Segmentos impactos pela pandemia na Microrregião Sudoeste Serrana (%)

Segmento	%
Estudantes	82,1
Pais/responsáveis pelos estudantes	3,6
Professores	7,1
Todas as listadas acima.	3,6
Todos acima	3,6

Fonte: Dados produzidos pelos pesquisadores.

Em função da suspensão das aulas, para a continuidade do ano letivo foram utilizadas estratégias diferentes para manter o vínculo do alunado com a escola, de acordo com a realidade de cada microrregião. No caso da Sudoeste Serrana, há municípios muito díspares em relação a disponibilidade de serviços e acesso no que diz respeito à diversificação de materiais. Alguns municípios oferecem mais recursos que outros, como por exemplo, sinal de internet.

Considerando o Programa Banda Larga nas Escolas e Atendimento Rural é possível verificar que a velocidade instalada, tanto nas escolas urbanas, quanto nas rurais dispõem de baixa velocidade. O serviço disponibilizado para a população local não está distante dessa mesma realidade, além disso, o valor não é acessível para muitos estudantes.

**Quadro 2 – Escolas atendidas pelo Programa Banda
Larga nas Escolas e Atendimento Rural**

	Velocidade de acesso instalada (Mbps)	Localização			
		Rural		Urbana	
		Nº de escolas	%	Nº de escolas	%
Sudoeste Serrana	0,256	84	94,4%	0	0,0%
	1,420	1	1,1%	0	0,0%
	2,000	0	0,0%	41	74,5%
	2,200	1	1,1%	0	0,0%
	5,000	0	0,0%	2	3,6%
	5,300	1	1,1%	0	0,0%
	5,500	1	1,1%	0	0,0%
	6,600	1	1,1%	0	0,0%
	10,000	0	0,0%	10	18,2%
	15,000	0	0,0%	2	3,6%

Fonte: Anatel (2020).

Esta microrregião apresenta opinião dividida em relação ao acesso dos estudantes aos materiais, físicos ou digitais, disponibilizados durante o período de pandemia.

Tabela 1 – Acesso aos instrumentos de ensino disponibilizados pela escola

	Frequência	Porcentual
Não	14	50%
Sim	14	50%
Total	28	100

Fonte: Dados produzidos pelos pesquisadores.

A pandemia evidenciou a desigualdade de acesso em relação a disponibilidade de sinal digital para TV, telefonia móvel, internet e equipamentos para a população estudantil. Ainda não há disponível planejamento para a promoção da inclusão digital dos estudantes que não possuem acesso a equipamentos e/ou sinal de internet, todavia, para reduzir as repercussões do afastamento da sala de aula durante a pandemia, materiais educativos com conteúdo e atividades foram impressos pelas escolas e distribuídas aos estudantes

> O Programa EscoLAR, foi desenhado para reforço de aprendizagem e se mostrou viável para implementação neste período. Mas considerando a nossa realidade, precisamos enviar atividades impressas. Recorremos aos professores, agentes de saúde, pontos de distribuição para que eles [os estudantes] pudessem buscar as atividades de maneira voluntária. 94%, dos 14 mil [estudantes] *está* recebendo material, impresso ou digital. Os recursos para impressão [do material] vêm do plano de aplicação, que foi refeito pelas escolas para destinar recurso para impressão (H.D., gestor público regional).

Todo este esforço tem sido realizado com o intuito de evitar que se confirmem as expectativas quanto a evasão escolar. Para isso, algumas medidas foram delineadas vislumbrando a manutenção da matrícula dos estudantes.

> A SEDU está preparando uma proposta curricular para recuperar os conteúdos de 2020. Confio muito nos professores. E a escola está preocupada em que o aluno não desista. Há uma preocupação com evasão para as classes mais baixas e aumento das desigualdades (R.A., sociedade civil — liderança regional).
>
> Há duas portarias antes da pandemia que visam identificar os estudantes fora da escola. É o Busca Ativa Escolar, pra identificar os alunos em potencial abandono através de convênio com as prefeituras municipais. No seges tem uma tela específica para o gestor identificar os alunos com grande número de faltas (H.D., gestor público regional).

O Programa Busca Ativa Escola, disponibiliza plataforma online que necessita que cooperação intersetorial presente no município para mapear os estudantes com potencial para o abandono escolar. Entretanto, dentre as três microrregiões que compõe o recorte geográfico, a minoria dos municípios fiz adesão e dos três que aderiram, dois constam como inativos, ou seja, nenhum registro foi efetivado plataforma ou há pendências no cadastramento.

Frente aos desafios, manter o foco nos estudos e seguir com as atividades programadas para o ano letivo têm sido um aprendizado diário. Manter o foco e gerir o tempo tornaram-se primordiais para este momento.

> Pra estudar também tá sendo um período meio complicado, não sei se é pra todo mundo, porque eu acho que me falta um pouco de foco, eu fico meio ansiosa com tudo que tá acontecendo e acaba meio que se desfazendo e não tendo foco nenhum sob os estudos, e tal... mas, estamos levando (J.S., estudante graduação).

Microrregião Caparaó

Tratando-se da educação, usuários e colaboradores concordam que o maior público afetado foi o segmento estudantil. Os familiares e responsáveis pelos estudantes também foram identificados como público impactado, inclusive sendo reconhecidos por um percentual maior que dos professores, que estão diretamente ligados ao "fazer" da educação.

Gráfico 4 – Categoria educacional mais afetada pela pandemia

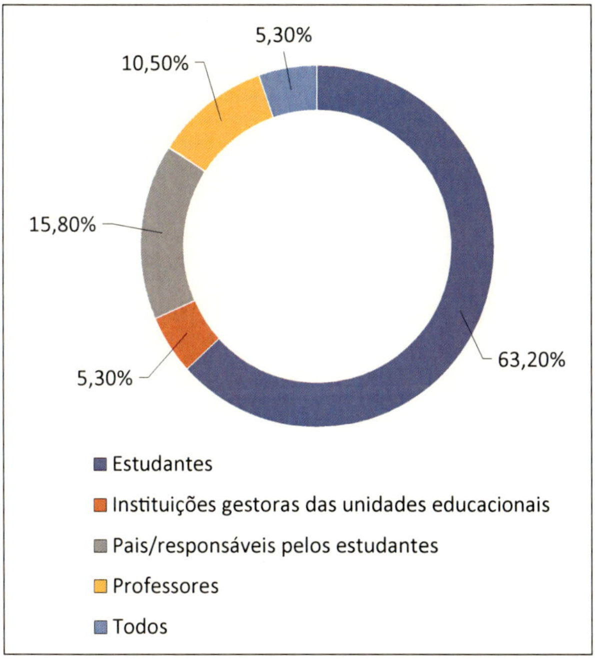

- Estudantes: 63,20%
- Instituições gestoras das unidades educacionais: 5,30%
- Pais/responsáveis pelos estudantes: 15,80%
- Professores: 10,50%
- Todos: 5,30%

Fonte: Dados produzidos pelos pesquisadores.

Para eles, a interrupção das aulas presencias significou desenvolver novas habilidades relacionadas à autonomia, ao estudo e aprendizado solitário. Em razão disso, estudantes que dispunham de recursos, frente a inabilidade de promover conhecimento sozinhos, buscaram auxílio em instituições privadas *on-line* para complementar e auxiliar.

> A minha escola, não deu tanto suporte assim, durante a pandemia, eu to no terceiro ano, então desde do começo do ano, eu já *tava* pensando em buscar um cursinho e eu recorri a isso, um cursinho que era presencial, e agora está sendo *online*, pra me auxiliar, me ajudar a conseguir a alcançar meu objetivo, que é passar na federal (M.G., estudante de ensino médio da escola pública).

Entretanto, para a maior parte dos estudantes, buscar outras instituições que os ajudassem a passar por esta etapa não foi uma escolha possível e estudar durante a pandemia foi um momento difícil.

> Esse período eu acabei não fazendo porque eu estava com alguns problemas psicológicos que poderiam acarretar outros problemas de saúde e só iriam piorar os problemas, então eu decidi não estudar nesse período. Mas observando o meu grupo de amigos tá sendo meio complicado porque tem dias, como hoje, que a conexão fica falhando e não conseguem falar com os professores, tem sido estressante para todos eles e alguns estão tendo dificuldades porque não conseguem se concentrar em casa, porque estando dentro da sala de aula é muito mais fácil a dinâmica com o professor e com os colegas e aí conseguem aprender melhor, outros já acham que tá mais tranquilo e eu acho que tá sendo uma média geral e tá sendo assim para praticamente todo mundo (A.M., estudante do curso superior).

Uma preocupação em relação ao afastamento da sala de aula diz respeito a expectativa da evasão, especialmente, entre os grupos de estudantes que já são considerados ponto de atenção como os alunos finalistas do ensino fundamental e ensino médio.

> Todas as análises indicam o crescimento da evasão. As ações de assistência colaboram para a permanecia do estudante e há planejamento de oferta de disciplina mais suave... é provável que seja mantido essa organização. Há reuniões com os alunos e familiares. Tb há projetos de apoio psicológico – com profissionais da saúde e educação (E.G., sociedade civil regional).

Uma das estratégias utilizadas para a redução desse impacto foi a adesão ao Projeto Busca Ativa Escolar. Todavia, a maior parte dos municípios que aderiram ao programa ainda não constam como ativo, ou seja, ainda não realizaram o monitoramento proposto, justificável em função da pandemia tendo em vista a não obrigatoriedade de presença do estudante nas unidades que retornaram à oferta presencial.

Um fator importante para melhorar o desempenho dos estudantes relaciona-se a conectividade com a internet. Tanto as instituições, quanto professores e estudantes tem dificuldades em relação a oferta e qualidade da rede disponível. 91,4% das instituições públicas da rede básica atendidas pelo programa de Atendimento Rural recebem apenas, 0,256 Mbps e para as escolas urbanas atendidas pelo Programa Banda Larga nas escolas, 67,7% recebem 2 Mbps.

Quadro 3 – Escolas atendidas pelo Programa Banda Larga nas Escolas e Atendimento Rural

	Velocidade de acesso instalada (Mbps)	Localização			
		Rural		Urbana	
		Nº de escolas	%	Nº de escolas	%
Caparaó	0,256	32	91,40%	0	0,00%
	1,5	1	2,90%	0	0,00%
	2	0	0,00%	63	67,70%
	2,2	1	2,90%	0	0,00%
	5	0	0,00%	10	10,80%
	10	0	0,00%	16	17,20%
	15	1	2,90%	4	4,30%

Fonte: Anatel (2020).

Deste modo, a pandemia evidenciou e acirrou as desigualdades sociais, na medida em que não foi garantido pelo poder público acesso de maneira igualitária a todos os estudantes, seja pela indisponibilidade de sinal digital de TV, telefonia móvel, internet, equipamentos e até disponibilidade de professores para disposição das aulas.

Para minimizar os impactos da ausência em sala de aula, as redes de ensino utilizaram ferramentas distintas — desde o empréstimo de equipamentos até a entrega de material impresso.

> O grande problema não é equipamento, mas conectividade. O IFES [Instituto Federal do Espírito Santo] criou um auxílio conectividade e empresta equipamentos. As secretarias municipais levam materiais impressos e a SEDU disponibilizou aulas na TV. O rádio não era viável por conta da geração de conteúdo e retorno dos alunos. A própria TV também não é viável pela falta de retorno (E.G., sociedade civil regional).

As escolas desta microrregião foram orientadas a rastrear os estudantes que não disponibilizava de acesso as atividades *on-line*. Em muitos municípios, especialmente, no interior, o professor foi muito importante para a manutenção do vínculo do estudante com a escola, pois assumiu a tarefa de distribuir as atividades impressas aos alunos que não dispunham de ferramentas para o acesso *on-line*. Normalmente, o professor que possuía algum contato de parentesco ou amizade com a família do estudante ou ainda morava próximo à algum estudante conduzia a entrega das atividades. Essa estratégia tem sido utilizada para burlar as dificuldades de acesso aos estudantes.

> Qualidade de sinal de TV? Não tem sinal digital, telefonia móvel, internet... a rede de dados não suporta [as transmissões] e o equipamento não comporta os aplicativos. Os estudantes buscam o material impresso. Para os estudantes que não tem transporte os professores levam (D.C., gestora pública regional).

Apesar de tantas dificuldades, a pandemia também trouxe oportunidade. O novo modo de fazer as coisas — trabalhar, estudar, gerenciar o tempo, relacionar-se com os outros — tudo isso mudou. Discussões sobre a associação de tecnologia e educação tornaram-se urgentes e os planejamentos para estas demandas que pareciam estar no futuro, tornaram-se presente.

> Tem um impacto positivo. A pandemia ensinou coisas que ficarão — mais em termos de planejamento e qualidade de ensino é preciso avançar muito (E.G., sociedade civil regional).

Discussão dos dados

A educação, sofreu impactos até agora imensuráveis. Apesar das projeções e expectativas, ainda não é possível medir os impactos provocados neste contexto visto que o retorno as atividades presenciais ainda permanecem suspensos. Ademais alguns impactos no processo ensino-aprendizagem só serão sentidos após alguns anos, dependendo do tempo e as condições de retorno das aulas presenciais após a pandemia. Não sabemos os efeitos psicológicos em unidades educacionais em que profissionais perderam a vida por conta da covid-19, por exemplo. Não se sabe ainda quais serão as interferências no processo de ensino e aprendizagem e aumento da evasão.

A fim de minimizar os efeitos provocados pela pandemia, a Secretaria Estadual de Educação (SEDU), por meio da Portaria nº 088-R, de 10 de agosto de 2020[15], acatou a recomendação do Conselho Nacional de Educação (2020) no que concerne a obrigatoriedade da presença física e retenção dos estudantes.

> [...] O CNE reconhece que as decisões acerca dos critérios de promoção são de exclusiva competência dos sistemas de ensino, das redes e de instituições, no âmbito da autonomia respectiva, responsáveis pela aplicação do processo avaliativo. No entanto, recomenda fortemente adoção de medidas que minimizem a evasão e a retenção escolar neste ano de 2020. Os estudantes não podem ser mais penalizados ainda no pós pandemia.

---

15   Esta portaria pode ser consultada integralmente em: https://docs.google.com/gview?url=https://midias.agazeta.com.br/2020/08/12/portaria-n-088-r---calendario-do-ano-letivo-sedu-2020-297758.pdf&embedded=true.

> Flexibilização da frequência escolar presencial: recomenda-se a possibilidade de opção das famílias pela continuidade das atividades não presenciais nos domicílios em situações específicas, como existência de comorbidade entre os membros da família ou outras situações particulares, que deverão ser avaliadas pelos sistemas de ensino e escolas. (CNE, 2020, p. 21).

A partir destas instruções o número de estudantes que retornaram às atividades presenciais ainda está reduzido e não é possível avaliar o impacto sobre a aprendizagem, tampouco, mensurar a evasão, visto que a previsão do encerramento do ano letivo de 2020 foi estendido para 2021 através de um calendário especial. Entretanto, prevendo que o número de estudantes que desistam da escola seja muito elevando uma das estratégias utilizadas será viabilizada pelo projeto Busca Ativa Escolar, desenvolvido pela Unicef, que articula agentes de saúde municipais para acessar os estudantes e seus familiares e auxiliar na manutenção do vínculo entre estudante e escola[16]. Dentre as microrregiões que formam o recorte geográfico deste estudo de caso, apenas quatro não aderiram ao projeto, todos da microrregião Sudoeste Serrana.

O isolamento social promoveu transformações substâncias na rotina e desenvolvimento das tarefas do cotidiano e "no caso da educação, promove desconstruções sob a forma como o ensino e a aprendizagem são vistos socialmente" (ARRUDA, 2020, p. 2). É possível a partir daí estabelecer várias análises sobre o quanto a educação e, em especial, a escola é lida como serviço essencial, ou não, para a nossa sociedade.

No campo da Educação, a primeira mudança ocorreu em março de 2020 quando o Estado do Espírito Santo, através da Secretaria de Educação e em acordo com as secretarias municipais de educação decidiram suspender as aulas presenciais. A escola foi identificada como espaço suscetível à transmissão pelo número de pessoas — profissionais e estudantes — que circulam nestes espaços tornando-se potenciais vetores da doença[17].

---

16 Mais informações sobre este projeto está disponível no site https://buscaativaescolar.org.br/.

17 Dois decretos publicados em março afetam o desenvolvimento da educação nos moldes tradicionais de ensino. O primeiro versa sobre o estado de emergência e medidas necessárias para conter os avanços do surto de coronavírus. ESPÍRITO SANTO. Decreto nº 4595-R, de 13 de março de 2020. Altera o Decreto nº 1.511-R, de 14 de julho de 2005, e suas alterações. Diário Oficial dos Poderes do Estado: seção 1, Vitória, ES, 19 mar. 2020. Disponível em: https://sedu.es.gov.br/Media/sedu/pdf%20e%20Arquivos/Decreto%20N%C2%BA%204593-R%2016.03.20-1.pdf. Acesso em: 30 out. 2020. O segundo, versa sobre o fechamento das unidades escolares. ESPÍRITO SANTO. Decreto nº 4597-R, de 16 de março de 2020. Dispõe sobre as medidas para enfrentamento da emergência de saúde pública decorrente do coronavírus (COVID-19) na área da educação, e dá outras providências. Diário Oficial dos Poderes do Estado: seção 1, n. 25191, Vitória, ES, 17 mar. 2020. Disponível em: https://sedu.es.gov.br/Media/sedu/pdf%20e%20Arquivos/Decreto%20%20N%C2%BA%204597-R%20de%2017.03.20.pdf. Acesso em: 30 out. 2020.

Naquele momento ainda não era possível definir a durabilidade da interrupção das aulas e não havia plano para a execução das atividades escolares remotamente. Somente em outubro, do ano corrente, foi autorizado o retorno presencial, seguindo orientações construídas conjuntamente entre Secretarias Estaduais de Educação e Saúde[18]. Neste intervalo, houve muitas mudanças na condução dos processos educativos — desde a suspensão completa das atividades escolares até a recomendação para a execução de Atividades Pedagógicas Não Presenciais (APNPs), que em julho, passaram a ser consideradas para contabilização dos dias letivos.

Diante dos novos desafios, a SEDU lançou o Programa EscoLar, com o intuito de, entre outras coisas, garantir a manutenção do vínculo entre estudante e escola. Este programa disponibilizou uma série de recursos para apoiar estudantes e professores. Ainda que não pudessem viabilizar o acesso à toda comunidade estudantil e garantir qualidade e eficácia do ensino disponibilizado remotamente.

> O principal recurso utilizado pelo EscoLAR é a transmissão de videoaulas, por meio de canais de televisão e/ou por meio de redes sociais como Facebook, Youtube, WhatsApp, dentre outros, nos formatos ao vivo ou gravado, em dia e horário específicos, para turmas específicas. A partir da parceria já estabelecida com o Google, com quem a Secretaria de Estado da Educação desenvolve várias ações no âmbito do projeto Sedu Digit@l, o EscoLAR trabalha com o Google Sala de Aula como forma de sistematizar as atividades, seus formatos de entrega e a mediação da aprendizagem em uma única plataforma (SEDU/EscoLAR, 2020).

Apesar da mediação remota oferecida pelas ferramentas virtuais trazer certo benefício neste contexto, para parte da comunidade estudantil esta solução, ainda que temporária, torna-se excludente nas microrregiões na medida em que parte da população discente está desprovida de recursos, especialmente, os moradores de zonas rurais, não dispõem de sinal de internet ou sinal digital TV para acesso aos recursos disponibilizados através dessas plataformas digitais. Deste modo, o ensino remoto privilegia a promoção da educação a uma parte da sociedade em detrimento da outra, acirrando as desigualdades sociais, e descredibilizando o discurso de equidade.

Frente a estas dificuldades, a principal medida adotada pelas unidades escolares estaduais para fornecer os conteúdos escolares aos estudantes, foi a disponibilização de material em versão impressa, devendo ser retirada e devolvida na unidade escolar. O contato estabelecido por este meio também foi considerado para contabilizar presença do estudante.

---

18 Essa portaria pode ser consultada integralmente em https://sedu.es.gov.br/Media/sedu/pdf%20 e%20Arquivos/001-R-CONJUNTA-SEDU-SESA-Medidas%20administrativas%20e%20de%20 seguran%C3%A7a%20sanit%C3%A1ria%20para%20retorno%20%C3%A0s%20aulas%20presenciais.pdf.

Dentre os métodos utilizados, do mais moderno — como aulas transmitidas através de *lives* no *Facebook* e no Instagram, salas virtuais e transmissão para a TV — até o método mais tradicional — como material impresso, uma outra ferramenta, mais antiga que a TV e mais acessível que a internet não foi considerada para a transmissão das aulas — o rádio. Esta cobertura está disponível em todo território capixaba e poderia transmitir aulas gravadas para todos os níveis de acordo com calendário preestabelecido.

As demandas referentes à esta questão perpassam todas as microrregiões que compõe o recorte geográfico — a viabilização do ensino híbrido, ou em caráter emergencial, exclusivamente, à distância por conta da pandemia, necessitam da mediação de equipamentos, sinal de internet de qualidade e letramento digital para professores e estudantes, demandas insatisfatórias, até agora.

Desde 2008, o Programa Banda Larga nas Escolas objetiva levar conexão de à todas as escolas públicas urbanas com internet, de forma gratuita, com prazo até dezembro de 2025 para finalizar a cobertura. Cabe ressaltar que este programa não atende escolas rurais, entretanto, para há disponibilização de outro serviço de internet para estas unidades.

Considerando os 23 (vinte e três) municípios que formam o território estudado, há 529 (quinhentos e vinte e nove) unidades de ensino, estaduais e municipais, no território. Destas, 379 (trezentos e setenta e nove) são atendidas com serviço de internet, distribuídas da seguinte maneira: Caparaó, 128 unidades atendidas — 93 escolas urbanas e 35 escolas rurais; Central Serrana, 107 unidades atendidas — 32 escolas urbanas e 75 escolas rurais; Sudoeste Serrana 144 unidades atendidas — 55 escolas urbanas e 89 escolas rurais.

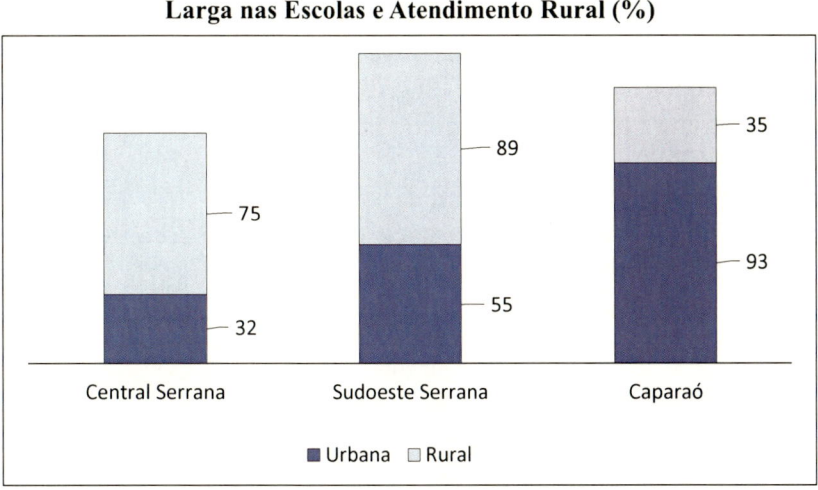

Gráfico 5 – Escolas urbanas atendidas pelo Programa Banda Larga nas Escolas e Atendimento Rural (%)

Fonte: Anatel (2020).

Apesar do avanço na democratização do acesso a internet, a qualidade do serviço oferecido está aquém do desejável. A tecnologia instalada para a grande maioria das unidades escolares possui baixa velocidade, em torno de 2 Mbps para as escolas urbanas e 0.256 Mbps para as escolas rurais. Diante destas circunstâncias, cada unidade contrata serviço de internet com recurso próprio e dispõem do serviço gratuito oferecido como complementar.

Tabela 2 – Velocidade de internet disponível para o maior número de escolas

	Velocidade da internet	
	Urbana	Rural
	2 Mbps	0.256 Mbps
Central Serrana	84,40%	93,30%
Sudoeste Serrana	74,50%	94,00%
Caparaó	67,70%	91,40%

Nota: O percentual foi calculado sobre 379 unidades que participam do Programa Banda Larga nas Escolas e Atendimento Rural.
Fonte: Anatel (2020). Tabela produzida pela pesquisadora.

Frente à necessidade de atender a demanda reprimida para ampliação do serviço de internet nas áreas fora dos centros urbanos, com baixa densidade demográfica e menores recursos, tramita na Câmara dos Deputados Federais, um projeto que autoriza o uso do Fundo de Universalização dos Serviços de Telecomunicações (Fust)[19] com a finalidade de universalizar, até 2024, o serviço de internet banda larga para todas as escolas públicas da rede básica de todo o país. Outro programa com finalidade semelhante, Programa de Inovação Educação Conectada, desenvolvido em 2017, disponibiliza recursos direto à escola através do PEDDE[20] para compra ou contratação de dispositivos eletrônicos, contratação de empresas que oferecem serviço de internet e infraestrutura para distribuição do sinal de internet, conforme portaria 29/2019 do MEC[21].

---

19 O Fundo de Universalização dos Serviços de Telecomunicações (Fust) foi criado em 2000 com o objetivo de disponibilizar serviços de telecomunicações a regiões consideradas não lucrativas e por isso não atraem o investimento de empresas do setor. Todas as empresas do setor devem destinar 1% de sua receita operacional bruta ao fundo. Em 2020, o Fust arrecadou R$ 22,6 bi e foi planejado o uso de R$ 758,4 milhões. Até julho do presente ano, nenhuma parte deste recurso foi utilizado. Outras informações estão disponíveis em: https://www12.senado.leg.br/noticias/materias/2020/08/17/apos-20-anos-e-r-22-6-bi-arrecadados-fust--falha-em-ampliar-acesso-a-internet. Acesso em: 23 nov. 2020.
20 Para conferir quais as unidades de ensino e o valor por elas recebido pelo programa, acesse: http://educacaoconectada.mec.gov.br/consulta-pdde.
21 A Portaria nº 29, de 25 de outubro de 2019 pode ser conferida, integralmente, em: http://educacaoconectada.mec.gov.br/images/pdf/portaria_29_25102019.pdf .

Assim como o serviço disponibilizado para as escolas, a rede de internet que atende a residência dos estudantes também não possui alta velocidade e apresenta instabilidade na prestação do serviço, dificultando o acesso e participação dos estudantes nos serviços oferecidos *on-line*.

Outro obstáculo que perpassa o ensino a distância diz respeito a nova forma de ensinar, nesse momento. Alunos e professores, para a continuarem as atividades escolares, desempenham tarefas solitárias, mediadas pela tela, que pressupõe autonomia e habilidade para uso da ferramenta. Para os estudantes mais novos, a dificuldade aumenta. Pais e responsáveis tornaram-se essenciais no auxílio ao ensino, já que alguns estudantes ainda não desenvolveram a habilidade de interpretação e letramento digital, necessitado da mediação dos adultos para continuar o processo de ensino.

Vale ressaltar que a taxa de analfabetismo nas microrregiões que formam o território em estudo ultrapassa mais de 10% da população, ampliando o desafio para os pais e responsáveis que não sabem ler e escrever, tampouco, auxiliar no processo educativo.

Se dentro do aparato oferecido pela escola, a situação socioeconômica é uma variável que impacta o desenvolvimento do estudante, pode-se imaginar as dificuldades enfrentadas pelas famílias que precisaram lidar com problemas de ordem econômica, emocionais e de saúde que acabam reverberando de modo direto na qualidade de aprendizagem nesse contexto epidêmico.

Há ainda o desafio em garantir segurança alimentar dos estudantes das escolas públicas da rede básica de ensino que tinham na escola o aporte para realizar ao menos uma refeição ao dia. O recurso para subsidiar a alimentação dos estudantes é enviado pelo governo federal, segundo diretrizes estabelecida pelo Programa Nacional de Alimentação Escolar (PNAE) e o valor é calculado de acordo com o número de estudantes indicados no censo escolar.

Atualmente, o valor repassado pela União a estados e municípios por dia letivo para cada aluno é definido de acordo com a etapa e modalidade de ensino:

- Creches: R$ 1,07
- Pré-escola: R$ 0,53
- Escolas indígenas e quilombolas: R$ 0,64
- Ensino fundamental e médio: R$ 0,36
- Educação de jovens e adultos: R$ 0,32
- Ensino integral: R$ 1,07
- Programa de Fomento às Escolas de Ensino Médio em Tempo Integral: R$ 2,00
- Alunos que frequentam o Atendimento Educacional Especializado no contraturno: R$ 0,53
- O repasse é feito diretamente aos estados e municípios, com base no Censo Escolar realizado no ano anterior ao do atendimento (PNAE, 2020).

No período em que as unidades escolares estiveram fechadas, a verba recebida pela escola foi revertida em cestas básicas e distribuída para as às famílias dos estudantes cadastradas no Cadúnico. O repasse para as unidades acontece por 10 meses, de fevereiro a novembro, o que implica a não disponibilidade de alimentação por dois meses — dezembro e janeiro. No caso das escolas da rede estadual, o retorno às aulas presenciais aconteceu em outubro do ano corrente e desde então a alimentação passou a ser ofertada novamente na escola. Daí decorre um problema, visto que, a maior parte dos estudantes não regressaram às atividades presenciais, deixando de receber a cesta básica e também a alimentação na unidade escolar.

Com o retorno presencial das aulas a Secretaria Estadual de Educação disponibilizou materiais para apoiar o retorno de profissionais e estudantes no contexto de pandemia através da Ação Psicossocial e Orientação Interativa Escolar (APOIE)[22].

Considerações finais

Associar educação, desenvolvimento social e econômico torna possível ganhos como o aumento da renda à medida que aumenta a escolaridade (SALVATO *et al.*, 2010), a ampliação na participação do desenvolvimento do território, redução da violência e criminalidade, melhora na qualidade de vida e saúde de maneira geral entre tantas outras coisas (IJSN, 2019). Tendo em perspectiva que a pandemia evidenciou e aprofundou cenários de desigualdade no país e no mundo, nada mais salutar que considerar a educação como estratégia para alavancar o desenvolvimento regional sustentável. Para isso é fundamental que haja comprometimento da sociedade, principalmente, do Estado, como mobilizador de um projeto de educação com objetivos claros e articulado com diferentes setores, visando minimizar os efeitos da pandemia na sociedade. Vale ressaltar a importância da participação dos principais atores no campo educação — docentes e estudantes, considerando o processo de escuta uma constante.

Realizar a pesquisa em tempos de pandemia nos obrigou a ressignificar os modos de operacionalização de pesquisa que planejava ampla participação social. A utilização de novos formatos de coleta de dados e experimentação de instrumentos, tradicionalmente aplicados presencialmente como entrevistas em profundidade e grupos focais, necessitaram migrar para o campo virtual — abrindo espaço para inovações metodológicas.

---

22 Os materiais disponibilizados pela APOIE estão disponíveis em: https://apoie.sedu.es.gov.br/plano-de-retorno-as-aulas-presenciais-aspectos-psicossociais.

Apesar desse novo formato cumprir com aquilo que se propôs a pesquisa, a execução do campo presencial não pode ser desconsiderado e fica como agenda futura de investigação para o aprofundamento das informações levantadas durante o mapeamento.

A construção deste trabalho, ainda que dificultada pela pandemia, envolveu diversos setores ligados a educação — estudantes, professores, gestores públicos locais e estaduais, sociedade civil. Objetivamos com esta participação evidenciar a visão dos usuários dos serviços educacionais o que eles próprios identificam como potencialidades e desafios para a microrregião.

REFERÊNCIAS

ARRUDA, E. P. Educação remota emergencial: elementos para políticas públicas na educação brasileira em tempos de Covid-19. **Em Rede – Revista de Educação à Distância**, n. 1, 2020. Disponível em: https://www.aunirede.org.br/revista/index.php/emrede/article/view/621.

BABBIE, E. **Survey research methods**. Belmort, CA: Wadsworth, 1990.

BRASIL. Conselho Nacional de Educação. Parecer Homologado Parcialmente. Processo nº 23001.000334/2020-21. **Diário Oficial da União**: seção 1, p. 57, Brasília, DF, 3 ago. 2020. Disponível em: http://portal.mec.gov.br/index.php?option=com_docman&view=download&alias=148391-pcp011-20&category_slug=julho-2020-pdf&Itemid=30192.

BRASIL. Ministério da Educação. Programa Nacional de Alimentação Escolar (PNAE). **Fundo Nacional de Desenvolvimento da Educação**, Brasília, DF, c2017. Acesso em: http://www.fnde.gov.br/programas/pnae.

CRESWELL, J. W. **Projeto de pesquisa**: métodos qualitativo, quantitativo e misto. Porto Alegre: Artmed, 2010.

ESPÍRITO SANTO. Secretaria de Educação. Portaria nº 088-R, de 10 de agosto de 2020. Define procedimentos complementares para o Calendário Escolar do ano letivo de 2020 e as interfaces com o ano letivo de 2021 devido à Pandemia do Coronavírus Covid-19, no âmbito da Educação Básica, nas unidades escolares da rede pública estadual do estado do Espírito Santo, e demais providências. **Diário Oficial dos Poderes do Estado**: seção 1, p. 16, Vitória, ES, 11 ago. 2021. Acesso em: https://sedu.es.gov.br/Media/sedu/pdf%20e%20Arquivos/portaria%20092-R.pdf.

ESPÍRITO SANTO. Secretaria de Educação. Sobre o Programa EscoLAR. **EscoLAR**, Vitória, ES, c2021. Disponível em: https://sedu.es.gov.br/escolar/o-que-e-o-programa-escolar.

GATTI, B. A. **Grupo focal na pesquisa em Ciências Sociais e Humanas**. Brasília, DF: Líber Livro, 2005.

GIL, A. C. **Como elaborar projetos de pesquisa**. São Paulo: Atlas, 2010.

INSTITUTO BRASILEIRO DE GEOGRAFIA E ESTATÍSTICA. Censo do Instituto Brasileiro de Geografia e Estatística: sobre a alfabetização da população da microrregião Central Serrana e o acesso ao ensino superior. **SIDRA**: Sistema IBGE de Recuperação Automática, [*s. l.*], 2010. Acesso em: https://sidra.ibge.gov.br/acervo#/S/CD/A/Q.

INSTITUTO BRASILEIRO DE GEOGRAFIA E ESTATÍSTICA. Estimativas de população. **SIDRA**: Sistema IBGE de Recuperação Automática, [*s. l.*], 2019. Acesso em: https://sidra.ibge.gov.br/tabela/6579.

INSTITUTO JONES DOS SANTOS NEVES. **Espírito Santo em Mapas**. [*S. l.*: *s. n.*], 2019. Acesso em: http://www.ijsn.es.gov.br/mapas/.

SALVATO, M. A.; FERREIRA, P. C. G.; DUARTE, A. J. M. O impacto da escolaridade sobre a distribuição de renda. **Estudos Econômicos**, n. 4, 2010. DOI: 10.1590/S0101-41612010000400001.

VINUTO, J. A amostragem em bola de neve na pesquisa qualitativa: um debate em aberto. **Temáticas**, n. 22, p. 203-220, 2014.

YIN, R. K. **Estudo de caso**: planejamento e métodos. Porto Alegre, RS: Bookman, 2001.

CAPÍTULO 3

SINGULARIDADES DA ECONOMIA CRIATIVA NA MICRORREGIÃO DO CAPARAÓ

Emanuel Vieira de Assis[23]
Isabela Ariane Bujato[24]
Robson Malacarne[25]

Introdução

As mudanças no mercado geradas a partir das transformações tecnológicas nas últimas décadas apontam para novas formas de relações mercadológicas, fundamentadas em ideias e valores mais autênticos, sustentando a criatividade e inovação nos setores econômicos.

Observar as especificidades do mercado, as alterações socioeconômicas e as interseções da economia e da cultura são fatores importantes para se pensar a presença do Estado no fomento da área e quais políticas podem ser pensadas e implementadas no setor e levando em consideração os diferentes territórios existentes.

O Estado do Espírito Santo tem diversas formas de divisão territorial. Uma delas é a divisão em Microrregiões de Planejamento, totalizando dez em todo o estado. Este estudo tem como recorte a Microrregião do Caparaó, localizada no Sudoeste do estado, tendo como divisas o Estado do Rio de Janeiro ao sul e o Estado de Minas Gerais a oeste. Composta por doze municípios, sendo a maioria de pequeno porte, esta microrregião abriga o único Parque Nacional localizado no Espírito Santo, o Parque Nacional do Caparaó.

A partir deste recorte geográfico, este estudo buscou identificar as singularidades da Economia Criativa na microrregião, de forma a pensar direcionamentos para a construção de políticas públicas para este território.

---

23   E-mail: emanuel.assis@gmail.com.
24   E-mail: bujato01isa@gmail.com.
25   E-mail: robsonmalacarne@gmail.com

Debate teórico

Diferentes leituras econômicas como as da experiência, do conhecimento e da cultura são mobilizadas para a discussão da economia criativa. Sua abordagem holística, multi, inter e transdisciplinar reconhece interfaces entre economia, arte, cultura e tecnologia (REIS, 2008). Ela envolve, nessa perspectiva, setores em que as atividades produtivas têm como entrega principal uma ação criativa "cuja dimensão simbólica é determinante do seu valor, viabilizando a produção de riqueza cultural, econômica e social" (BRASIL, 2012). Todavia, de acordo com o IJSN, a definição de Economia Criativa e os limites de sua abrangência, sobretudo setorial, estão longe de um consenso, seja entre os estudiosos e debatedores sobre o tema, seja entre os diversos organismos espalhados pelo mundo que se dedicam a formular e implementar políticas voltadas para a sua dinamização. As divergências são justificadas pela singularidade de cada país e/ou região, que privilegia aqueles setores mais significativos e localmente mais expressivos quanto aos traços culturais de cada povo (IJSN, 2016, p. 9).

Há leituras de economia criativa que reconhecem a sua relação com o capital cultural e o capital intelectual, tanto formados quanto traduzidos nas atividades que se utilizam criatividade, competências e habilidades para geração de valor — não mais necessariamente um valor monetário ou, pelo menos, imediato.

Hodiernamente reconhece-se a história da Economia Criativa e a importância das discussões iniciadas no início do Iluminismo. Para o nosso propósito, seus desdobramentos mais recentes são aqueles apresentados e discutidos por teóricos do século XX, principalmente o desenvolvimentista, na sua primeira metade, e neodesenvolvimentista (BRESSER-PEREIRA, 2018), já no movimento de passagem para o século XXI, e para o milênio. A versão mais atual do pensamento econômico sobre a criatividade surge de uma contraposição entre duas traduções, duas propostas de política cultural e dois documentos originais. Um proposto no Creative Nation: Commonwealth Cultural Policy (AUSTRÁLIA, 1994), trazendo a importância de se considerar as potencialidades econômicas de atividades culturais diversas, e outro expresso no Creative Industries Mapping Documents (INGLATERRA, 1998), com a missão de mapear as indústrias britânicas.

Nos documentos produzidos pelos governos federal e estadual do Espírito Santo e em entrevistas com referências setoriais dessa política pública, as reflexões e definições de Economia Criativa revelam um caráter transversal, pois a criatividade encontra-se focada ou dispersa numa infinidade de ambientes e contextos produtivos. Além disso, há uma conexão com o território, por meio de dispositivos legais e administrativos, com a criação de fontes de financiamento, o fomento ao desenvolvimento de ecossistemas de negócios, o vínculo entre os atores institucionais e organizacionais buscando o delineamento de políticas amplas, com o intuito de atender a todos os segmentos da área.

Numa abordagem simplista sobre Economia Criativa, ela pode ser considerada como a junção entre economia e criatividade, porém vai além do encontro dessas duas áreas. O conceito traz uma diferente leitura a estas áreas de pesquisa, ao intensificar "a importância do conhecimento como fator de produção" (IJSN, 2016, p. 9).

Assim, a Economia Criativa precisa, em algum instante, ler e traduzir a projeção da criatividade como uma estrutura que impacta o conjunto do pensamento (econômico), de constituições imaginárias sobre a estruturação e o funcionamento de sistemas simbólicos (que geram/regulam cognições, representações sociais, valorações), e sobre as propriedades e as características materiais disponíveis em condições e situações de significação empíricos ou hipotéticos.

A criatividade (uma potência a ser disponibilizada sempre que possível para a performance, portada em corpos humanos ou materializada como dispositivo material ou virtual de tecnologia) pode sofrer um processo de fruição, percorrendo desde a provocação de interesse pessoal até o estímulo ao interesse institucional e nesse movimento o mesmo conceito (a criatividade) alcança duas definições de referência que num primeiro instante são antagônicas e contraditórias.

Nessa matriz, a criatividade pode atuar como um indutor ou potencializador de comportamentos ou dinâmicas ligadas, por exemplo, ao Protagonismo/Proação, à Colaboração/Cooperação e ao Compartilhamento/Solidariedade, permitindo uma projeção e afetação positiva sobre ações e iniciativas de geração de renda e ocupacionais em âmbito local e regional, além de acolher estratégias de propriedade intelectual.

Para que o processo criativo se desenvolva, suas características precisam estar articuladas entre si e isso ocorre em três dimensões: i) a criatividade artística, que envolve a imaginação e a capacidade de gerar ideias originais e novas maneiras de interpretar o mundo, expressas em texto, som e imagem; ii) a criatividade científica, que abarca a curiosidade para experimentar e fazer novas conexões ao solucionar problemas; e iii) a criatividade econômica, cujo processo dinâmico leva à inovação em tecnologia, práticas de negócio, marketing, etc., e está relacionada à aquisição de vantagens competitivas. (UNCTAD, 2010, p. 3 *apud* IJSN, 2016, p. 9)

De acordo com Oliveira, Araújo e Silva (2013), comum às diversas perspectivas, a criatividade tecnológica acontece e ela é fundamental para que se defina o que é economia criativa, mesmo que não haja consenso na definição e nas fronteiras da área.

Processos metodológicos

Os dados produzidos neste estudo são de categoria secundária, visto as dificuldades de se realizar uma pesquisa de campo considerando a conjectura pandêmica enfrentada no Brasil e no mundo em razão da covid-19. Considera-se este um fator delimitador na construção deste trabalho, o que o encaminha para uma análise lógica-dedutiva.

Para tanto, utilizou-se de uma metodologia específica, elaborada pelo Instituto Jones dos Santos Neves (IJSN, 2016), que permite a identificação e classificação dos segmentos da Economia Criativa no estado do Espírito Santo. De acordo com o Instituto:

> [...] a Secult (Secretaria de Estado da Cultura) realizou uma pesquisa, junto à classe criativa do Espírito Santo, com a finalidade de delimitar os segmentos da Economia Criativa que seriam beneficiados mais diretamente pela política implementada no Programa de Economia Criativa do governo estadual (IJSN, 2016, p. 15).

Ressalta-se que a definição destes segmentos partiu do movimento de observação de diferentes modelos propostos no Brasil (IJSN, 2016). Cada segmento abarcou atividades específicas. Estas foram adaptadas ao contexto capixaba considerando a Classificação Nacional das Atividades Econômicas (CNAE), já utilizada no Brasil — tendo a CNAE 2.0 como base para tal classificação no estado (IJSN, 2016). O procedimento relacionado às atividades econômicas, de acordo com o IJSN (2016), se dividiu em duas etapas: 1) um estudo inicial, de forma a adaptar as classes encontradas a partir do padrão da CNAE 2.0; 2) e a organização de "uma lista de atividades consideradas criativas concernentes aos setores definidos de acordo com os critérios adotados pela Secult e pela classificação ampliada" (IJSN, 2016, p. 16).

Tendo em vista essa construção, duas análises foram aqui desenvolvidas a fim de observar as singularidades da Economia Criativa na Microrregião do Caparaó: através da base de dados da RAIS, observou-se quantidade de estabelecimentos com vínculo ativo. Dados sobre distribuição de MEIs no território a partir da Economia Criativa também são aqui apresentados. Além disso, um histórico de rendimento médio e pessoas ocupadas também perpassa o contexto da Economia Criativa, em uma comparação, contudo, mais geral.

Resultados e discussão

Para pensar a economia criativa e suas singularidades dentro de um contexto de desenvolvimento regional sustentável é importante compreender quais sazonalidades afetam os trabalhadores que atuam no setor. A partir dessa análise, a concretização de políticas públicas pode atuar de modo a incentivar o crescimento e a consolidação da área.

As variações sazonais do número de trabalhadores na Economia Criativa capixaba refletem as variações segundo a posição na ocupação. O Espírito Santo conta com uma proporção de trabalhadores por conta própria e de empregadores maior que a média do sudeste e do país. E são justamente essas posições na ocupação que sofrem as maiores variações ao longo do tempo, amoldando-se às variações conjunturais da atividade econômica. Essas duas categorias, em conjunto, representavam, em 2016, 46,1% de todos os trabalhadores da Economia Criativa do Espírito Santo, enquanto para o sudeste, a proporção foi de 40,3% e, para o Brasil, 37,4%. Nos demais setores da economia, os percentuais são bem menores e mais próximos. Ressalte-se que estão incluídos em Outras categorias: Empregado no setor público; Militar e servidor estatutário; Trabalhador familiar; auxiliar; e Trabalhador doméstico (IJSN, 2016, p. 40).

Historicamente o rendimento médio do setor no ES se posiciona abaixo da região sudeste e da média do Brasil. De maneira mais específica, considerando estabelecimentos com vínculo ativo, dados da plataforma RAIS apresentam um desenho da Economia Criativa na microrregião Caparaó.

A tabela retrata a quantidade de estabelecimentos com vínculo ativo na microrregião, considerando cada segmento e as atividades desenvolvidas a partir deles. Os dados contemplam um intervalo de tempo entre os anos de 2018 e 2019 e a taxa de crescimento anual de cada segmento. Além disso, a tabela considera o valor total de estabelecimentos com vínculo ativo no Caparaó, o que chamamos aqui de "total criativa":

Tabela 1 – Estabelecimentos e empreendimentos com Vínculos Ativos na Economia Criativa da microrregião Caparaó

Segmentos	2018	2019	Taxa de Crescimento Anual
Design	0	0	-
Teatro (Artes Cênicas)	16	20	25%
Artesanato	1	0	-100%
Música	0	0	-
Audiovisual	26	28	7,69%
TIC	79	119	50,63%
Festas e Celebrações	105	63	-40%
Gastronomia	389	391	0,51%
Publicidade	17	11	-35,29%

continua...

continuação

Segmentos	2018	2019	Taxa de Crescimento Anual
Patrimônio e Artes	0	0	-
Editorial	6	8	33,33%
P&D	0	0	-
Total Criativa	613	640	4,4%

Fonte: Elaboração própria a partir de consulta à base de dados RAIS.

Os dados demonstram que a maioria dos segmentos cresceram ou mantiveram estabelecimentos em termos de vínculo ativo desenvolvendo atividades de um ano para outro na microrregião. Com exceção de Artesanato, Festas e Celebrações e Publicidade, todos os outros apresentaram um aumento. Em números absolutos, há um destaque maior para atividades da Economia Criativa no segmento de Gastronomia e Tecnologia da Informação e Comunicação (TIC). Este último, foi o segmento com maior crescimento percentual entre os anos de 2018 e 2019, com 50,63%. O segundo maior foi em Editoral, com 33,33%. Por outro lado, não há estabelecimentos com vínculos ativos em alguns segmentos, como Design, Música, Patrimônio e Arte e Pesquisa e Desenvolvimento (P&D).

Vale destacar também que, de um ano para outro, os segmentos e suas respectivas atividades aumentam no que diz respeito a uma totalidade de estabelecimentos com vínculos ativos na microrregião, saltando de 613 para 640.

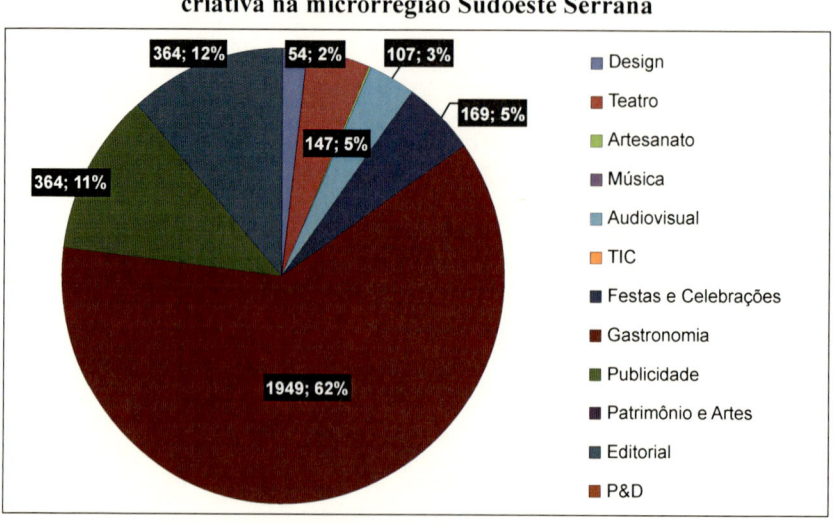

Gráfico 1 – Distribuição dos MEI na economia criativa na microrregião Sudoeste Serrana

Fonte: Elaboração própria com base no Portal do Empreendedor.

A quantidade de microempreendedor individual (MEI) na microrregião do Caparaó totalizou 3.160 em 2020. Desse total, o segmento gastronomia é o que possui maior número de registros, sendo de 62%, seguido de Editorial, com 12%, e Publicidade com 11%. Os demais segmentos possuem 5% ou menos dos cadastros de MEI na microrregião.

Conclusões

Os dados levantados apresentam um pequeno recorte da realidade da economia criativa na microrregião. Visto que é uma área em construção e que vem ganhando espaço em meio a discussões e ações governamentais, que tem como princípios norteadores a diversidade cultural, inclusão social, sustentabilidade e inovação e tem como objetivo a valorização da criatividade, do capital intelectual e do valor simbólico-cultural do estado.

Os resultados nos mostram que, dos municípios que compõem a microrregião Caparaó, todos possuem empreendimentos com vínculos ativos nas atividades relacionadas à Gastronomia, assim como a quantidadede MEIs é a maior neste segmento; o que pode demonstrar que, para a economia criativa da microrregião, este é um segmento potencialmente interessante de ser mais bem desenvolvido e analisado. De todo modo, é preciso entender também aqueles em que nenhuma atividade é praticada e o porquê: há outros fatores culturais, turísticos, econômicos e de capital intelectual que influenciam nestes movimentos? Assim, é importante uma atenção a este setor e suas singularidades, considerando as características locais e culturais da microrregião; entendendo que estes são fatores que podem influenciar diretamente em como a economia criativa se desenvolverá no espaço. Acredita-se que a temática apresenta potencialidades para a microrregião e para o estado. Como sugestão de estudos futuros, se faz necessário uma pesquisa de campo mais aprofundada, de forma a observar e compreender como os indivíduos se organizam nesses setores, estabelecimentos e empreendimentos a partir do espaço em que ocupam.

REFERÊNCIAS

BRASIL. Ministério da Cultura. **Plano da Secretaria da Economia criativa**: Políticas, diretrizes e ações 2011–2014. Brasília, DF: MinC, 2012.

BRESSER-PEREIRA, L. C. **Em busca do desenvolvimento perdido**: um projeto novo-desenvolvimentista para o Brasil. São Paulo: FGV, 2018.

INSTITUTO JONES DOS SANTOS NEVES. **Economia Criativa no Espírito Santo**: Painel de Indicadores. Vitória, ES, 2016.

OLIVEIRA, J. M. de; ARAUJO, B. C.; SILVA, L. V. **Panorama da Economia Criativa no Brasil**. Rio de Janeiro: IPEA, 2013.

UNITED NATIONS CONFERENCE ON TRADE AND DEVELOPMENT. **Creative economy report 2010**: Creative economy: a feasible development option. [*S. l.*]: U.N., 2010.

CAPÍTULO 4

CARACTERIZAÇÃO DA AGRICULTURA NA MICRORREGIÃO DO CAPARAÓ CAPIXABA E A SUSTENTABILIDADE DOS AGROECOSSISTEMAS FAMILIARES

Arnaldo Henrique de Oliveira Carvalho[26]
Pedro Guedes Ribeiro[27]

Introdução

Localizada no Sudoeste do Espírito Santo, a microrregião abrange a porção capixaba da Serra do Caparaó, que lhe dá o nome, e garante suas características topográficas e ambientais (IJSN, 2005).

Vale ressaltar que o Estado do Espírito Santo está inserido no domínio morfoclimático denominado "Mares de Morros" florestados (AB'SÁBER, 2005), o qual tem parte do seu relevo caracterizado como um planalto, em sua maior parte montanhoso, com altitude média de seiscentos a setecentos metros, com topografia bastante acidentada, fato este que dificulta o uso e ocupação do seu território, notadamente acompanhado pela substituição de áreas naturais por sistemas agrícolas de pastagens, silvicultura ou agricultura, culminando, muitas vezes, em sua degradação (GUIMARÃES et al., 2015).

O setor agropecuário contribui com 18% da composição do produto interno bruto setorial na Microrregião, correspondendo a 2,76% do produto interno bruto estadual, destacando a importância da agricultura no crescimento econômico do Estado (IJSN, 2005).

Levando em conta que ocorreram mudanças acerca da compreensão dos espaços, tornando-se não somente como fornecedor de matéria prima, mas como lócus promotores do desenvolvimento sustentável, pois as atividades agropecuárias têm relação direta com o meio ambiente, e dependem do seu equilíbrio para apresentar bons resultados produtivos. (GLEISSMAN, 2009).

---

26   E-mail: acarvalho@ifes.edu.br.
27   E-mail: pg.guedes.ribeiro@gmail.com.

Essa relação não é só ambiental, mas também econômica e social. Não bastam boas práticas agrícolas, é preciso uma articulação com outros setores da economia, entregando mais produtividade considerando o conceito de agricultura moderna que permite utilizar menores espaços de terra, com menos água e energia.

Assim, o espaço rural que para além da atividade agrícola e agropecuária, desenvolve outras atividades econômicas (CRUZ, 2019), mas também precisa pensar e planejar o uso dessas terras sob o enfoque da sustentabilidade, para conciliar suas riquezas naturais e paisagísticas com a qualidade de vida de seus habitantes (MARAFON, 2017).

A inserção do termo desenvolvimento sustentável que tem sido debatido há várias décadas, também se faz necessário na atividade da agricultura para preservar a capacidade produtiva do setor, visto que a sustentabilidade dos sistemas agrícolas de produção traduz-se pela manutenção da sua produtividade ao longo do tempo (GOMES *et al.*, 2009).

Dessa forma, implantar a questão da sustentabilidade na agricultura envolve os fatores físicos, bióticos e aspectos relativos à viabilidade econômica e sociocultural, consolidando princípios complexos, para que sejam transformados em recomendações para a tomada de decisões dos agricultores (MARIN, 2009).

Nesse sentido, estudar como se dá a produção agrícola e a sustentabilidade dos agroecossistemas familiares na Microrregião do Caparaó Capixaba, garante maior conhecimento sobre essa realidade, principalmente aos gestores, havendo assim a possibilidade de se desenvolverem políticas públicas focadas nos pequenos agricultores familiares locais.

Referencial teórico e processos metodológicos

A agricultura capixaba vivencia grandes transformações desde o início da colonização da província em 1535, quando aqui chegou seu donatário Vasco Fernandes Coutinho. O setor agrícola tinha pouca participação na economia do Estado, visto que a agricultura se voltava basicamente para o abastecimento, com culturas de subsistência. Tal cenário evoluiu em meados do séc. XIX, proporcionando, dessa forma, um avanço na agricultura a partir do início do cultivo de café, transformando-a em economia de mercado (BALARINI *et al.*, 1979).

Mesmo com características geográficas não favoráveis ao uso e ao manejo dos solos, o agronegócio é uma das atividades econômicas mais importantes para o Estado do Espírito Santo, contribuindo com cerca de 25% do Produto

Interno Bruto (PIB) alavancado principalmente pelos municípios do interior (SILVA *et al.*, 2016).

A porção interiorana, também conhecida como espaço rural, que servia de base para as atividades agrícolas e agropecuárias fornecendo matéria prima para a indústria, vem, nas últimas décadas, passando por importantes mudanças (ZANDONADI; FREIRE, 2016).

Não distante, o turismo destaca-se por ser um movimento integrativo culturalmente e um forte fenômeno socioeconômico, que desempenha um papel importante no desenvolvimento regional sustentável, garantindo maior diversificação de renda para a população local (CUNHA; CUNHA, 2005).

A elaboração deste trabalho baseou-se em duas etapas principais: a primeira consistiu em realizar uma pesquisa em dados secundários já publicados em diversas fontes como o IBGE, o IJSN e tantas outras quanto necessário. Dentre esses documentos utilizou-se como base a síntese da produção agropecuária nos anos 2014–2015, 2016–2017 (GALEANO *et al.*, 2016; GALEANO *et al.*, 2018), e a síntese da produção agropecuária até dezembro de 20018 (COSTA *et al.*, 2018). A análise dos dados secundários foi feita com base principalmente no número de estabelecimentos agropecuários uma vez que a base da sustentabilidade em agricultura é a valorização dos recursos internos dos sistemas agrícolas produtivos (GOMES *et al.*, 2009), por meio de consulta ao último censo agropecuário 2017 (IBGE, 2020).

A segunda etapa consistiu em realizar entrevistas em profundidade com representantes de diversos setores ligados ao setor agropecuário tais como sindicato dos trabalhadores rurais, associações de agricultores e agricultoras, INCAPER, secretarias de agricultura, cooperativas, agricultores e agricultoras. Além dessas entrevistas em profundidade, realizou-se também grupos focais (TRAD, 2009) com representantes do CDRS e com estudantes para obter informações sobre as diversas temáticas envolvidas no DRS.

As entrevistas foram realizadas nos meses de agosto e setembro de 2020 via plataforma eletrônica do Google Meet e todas foram gravadas com autorização dos participantes, encontrando-se disponíveis nos documentos do grupo de pesquisa.

Resultados e discussão

A microrregião do Caparaó é composta por onze municípios ocupando 8,31% do Território Estadual com uma área de 3.831,44 km² (IJSN, 2019) (Figura 1).

Figura 1 – Microrregião Caparaó com seus respectivos municípios

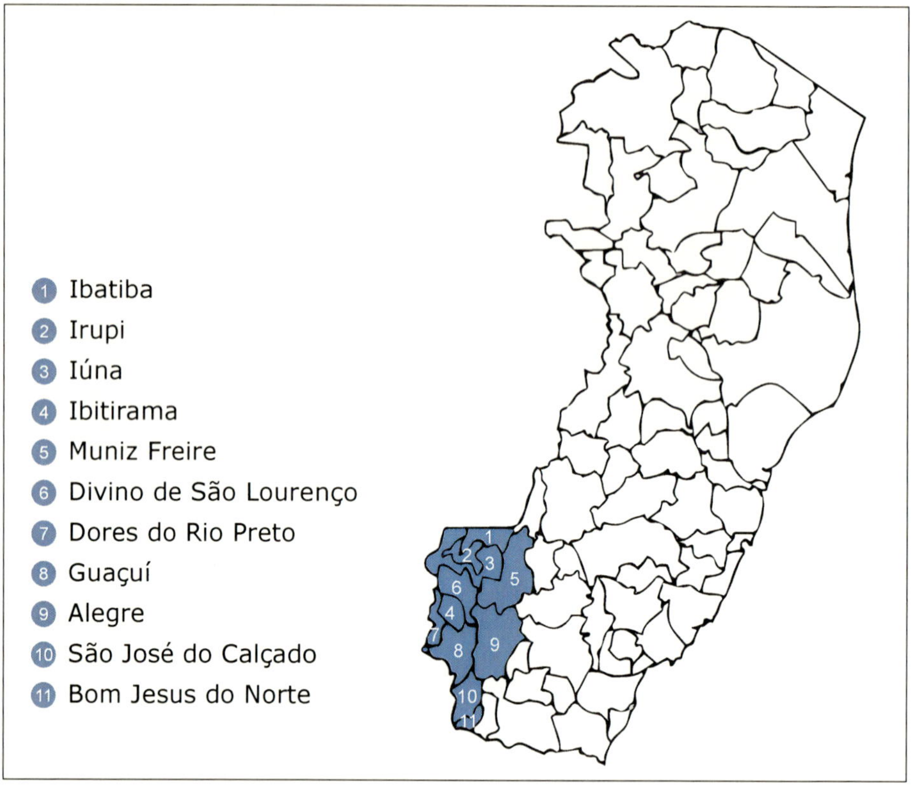

1. Ibatiba
2. Irupi
3. Iúna
4. Ibitirama
5. Muniz Freire
6. Divino de São Lourenço
7. Dores do Rio Preto
8. Guaçuí
9. Alegre
10. São José do Calçado
11. Bom Jesus do Norte

Fonte: IJSN (2019).

O setor agropecuário dessa microrregião é responsável por 22,1% da composição do PIB setorial (ES, 2030–2013), evidenciando a importância da agricultura para o desenvolvimento da microrregião.

O Espírito Santo é o 16º Estado brasileiro em número de estabelecimentos agropecuários com 108.014 unidades, perfazendo 2,13% dos estabelecimentos no cenário nacional. Desses, 14.731 estão nos municípios da microrregião do Caparaó, ocupando uma área de 282.092 hectares, representando, em relação ao censo anterior, um aumento de aproximadamente 20,1% no número de propriedades e 9,8% na área total ocupada por esses estabelecimentos (Tabela 1), (IBGE, 2017).

Nota-se, em 2017, que o município de Muniz Freire apresenta o maior número de estabelecimentos agropecuários, possuindo cerca de 16,1% de todas as propriedades (2.379) e Bom Jesus do Norte apresenta o menor número de propriedades, possuindo cerca de 1,3% de todas as propriedades (192). O segundo município com maior número de estabelecimentos é Alegre, com

15,7% das propriedades (2.318 estabelecimentos), por outro lado apresenta uma área maior em relação a todos os municípios da Microrregião, 22,2% da área de todos os estabelecimentos agropecuários da microrregião (Tabela 1), (IBGE, 2017).

Tabela 1 – Número de estabelecimentos agropecuários e respectiva área ocupada nos Municípios integrantes da Microrregião do Caparaó

Município	Estabelecimentos – Nº	Área – ha	Estabelecimentos – Nº	Área – ha
	2006		2017	
Alegre	1.652	54.528	2.318	62.708
Bom Jesus do Norte	151	4.795	192	6.621
Divino de São Lourenço	769	13.048	657	10.675
Dores do Rio Preto	406	11.537	662	11.715
Guaçuí	1.115	35.065	1.492	38.130
Ibatiba	1.155	13.512	1.839	18.490
Ibitirama	966	20.957	1.117	18.393
Irupi	804	10.440	1.147	13.832
Iúna	1.497	26.883	2.141	28.581
Muniz Freire	2.541	42.890	2.379	49.334
São José do Calçado	719	20.924	787	23.613
Total geral	11.775	254.579	14.731	282.092

Fonte: IBGE – Censo Agropecuário (2006, 2017).

Nos últimos cinco anos, o setor agropecuário capixaba enfrentou um grande impacto promovido pela crise hídrica ocorrida em 2015 e 2016 reduzindo sua capacidade produtiva. Passada a crise, o setor vinha apresentando uma retomada do crescimento da produção, principalmente de café conilon, frutas (banana, mamão, coco, morango, laranja, uva entre outras), pimenta-do-reino, carnes e ovos. Recentemente o setor sofreu mais um novo impacto, dessa vez provocado pela pandemia do Coronavírus. Transcorrido esses momentos, nota-se que o setor da agricultura apresentou uma forte resiliência, com uma capacidade de se adaptar e recuperar-se diante das dificuldades e novos desafios impostos.

Em meados do século XX, o setor vinha perdendo seu dinamismo provocado por mudanças na estrutura de produção agrícola a qual acentuava os desequilíbrios regionais dentro do Estado. Passado esse período, o setor agropecuário capixaba é hoje um dos principais geradores de fonte de emprego e renda para a maioria dos municípios, mantendo sua importância socioeconômica graças ao aumento de produtividade, além de ser responsável por manter a segurança alimentar (GALEANO *et al.*, 2017).

O setor agrícola capixaba tem vivenciado grandes transformações nas últimas 5 décadas, as quais têm contribuído com uma participação expressiva no PIB setorial dos municípios da microrregião (Tabela 2). Este setor representa, principalmente para o município de Divino de São Lourenço, uma fatia considerável de sua arrecadação bruta, já que, mesmo com um dos menores números de estabelecimentos agrícolas, 26,23% de sua renda é proveniente da agricultura.

Tabela 2 – Participação do valor adicionado bruto da agropecuária no valor adicionado bruto total em cada município – ano 2015

Município	Participação %
Alegre	7,82
Bom Jesus do Norte	2,63
Divino de São Lourenço	26,23
Dores do Rio Preto	11,66
Guaçuí	6,62
Ibatiba	16,12
Ibitirama	28,83
Irupi	24,97
Iúna	14,66
Muniz Freire	25,19
São José do Calçado	9,74

Fonte: Galeano *et al.* (2018).

A produção agrícola na microrregião está assentada especialmente no café, com relevância na pecuária leiteira, configurando-se na base produtiva desta microrregião, que se caracteriza pela predominância da agricultura familiar (IJSN, 2005). Esta pratica uma agricultura denominada convencional. Essas atividades do setor agropecuário, são importantes atividades da economia na microrregião, responsáveis por uma significativa participação no valor do produto interno bruto dos municípios. Nota-se que nos municípios de Ibitirama, Divino de São Lourenço, Muniz Freire e Irupi a participação do setor agropecuário tem o maior valor adicionado bruto total no PIB municipal (Tabela 2).

Dentre as mudanças que ocorreram no setor agropecuário na microrregião, foi citado pelos entrevistados principalmente aquelas relacionadas às inovações tecnológicas com novas cultivares selecionadas para as condições da microrregião, o uso de adubação para nutrição mineral que beneficia as plantas, o uso do controle biológico de pragas e também a diversificação agrícola. Nota-se nesse cenário o espírito empreendedor dos agricultores é fundamental para o desenvolvimento agrícola da microrregião (EMBRAPA, 2018). Nesse sentido, é percebido uma mudança na medida em que os agricultores têm buscado agregar valor em seus produtos, como por exemplo a produção de cafés especiais que apresentam maior valor agregado.

Para o desenvolvimento das atividades agropecuárias nos estabelecimentos, alguns serviços são necessários, porém, como relatado, os serviços de energia elétrica, telefonia e internet não atendem ou atendem parcialmente a demanda do setor. A questão relacionada à energia é que como a demanda é alta, principalmente na safra do café, os sistemas monofásicos não suportam e com frequência desarmam, para isso seria interessante o suprimento com um sistema trifásico. Já os serviços de telefonia e internet são mais precários, a maioria dos entrevistados relatou que muitos não têm acesso na zona rural e quem possui é porque instalou uma antena própria, assim, para uma melhoria desses serviços seria necessário a instalação de antenas pelas prestadoras de serviço telefônico e de internet.

Outros serviços que são essenciais para uma melhor qualidade de vida, o serviço de saúde e a segurança pública, atendem parcialmente a demanda das comunidades rurais visto que há poucos médicos especialistas disponíveis, o que há com maior frequência é a visita do agente de saúde, quanto ao policiamento, é preciso ser ampliado pois o efetivo policial não consegue atender a demanda, sendo muito precário principalmente nos caminhos do campo como relatado pelos entrevistados.

O conhecimento do número de estabelecimentos nos municípios permite realizar um planejamento estratégico por parte dos órgãos públicos e privados para ampliar a oferta do serviço de assistência técnica e extensão rural — ATER, visto ser essencial para alavancar o setor e melhorar a produtividade. Na microrregião do Caparaó apenas 26,9% das propriedades recebem algum tipo de assistência, a grande maioria dos estabelecimentos agropecuários são carentes desse serviço, pois não recebe orientação técnica, ou quando recebe ela é pontual e não tem um acompanhamento sistemático (Tabela 3).

Tabela 3 – Número de estabelecimentos agropecuários da Microrregião do Caparaó, que recebem ou não recebem assistência técnica e extensão rural – ATER

Município	Nº Estabelecimentos	ATER Recebe	ATER Não Recebe
Alegre	2318	503	1811
Bom Jesus do Norte	192	72	120
Divino de São Lourenço	657	129	528
Dores do Rio Preto	662	239	423
Guaçuí	1492	321	1167
Ibatiba	1839	150	1686
Ibitirama	1117	252	864
Irupi	1147	418	728
Iúna	2141	781	1360
Muniz Freire	2379	824	1555
São José do Calçado	787	274	512
Total geral	14731	3963	10.754

Fonte: IBGE – Censo Agropecuário (2017).

Na busca pela sustentabilidade da atividade agropecuária, é interessante pensar na reestruturação da pesquisa agropecuária ao formato estatal da Assistência Técnica e Extensão Rural –ATER (SILVA et al., 2016), mas não só aquela visita do técnico que passa somente uma orientação mas sim um trabalho sistemático que envolva também a questão gerencial pois a maioria dos agricultores não fazem nenhum controle administrativo pois não é um hábito, e a ATER oferecida pelos órgãos públicos é precária por falta de técnicos capacitados, como relatado pela maioria dos entrevistados.

Associado às orientações técnicas é importante articular a gestão dos estabelecimentos visto que a questão econômica é um dos aspectos básicos para o alcance da sustentabilidade. Nesse sentido é fundamental trabalhar com orientações gerenciais para o controle dos custos de produção uma vez que essa não é uma prática comum entre os agricultores. A importância de realizar um controle gerencial é que este possibilitará uma análise de custos, sendo uma importante ferramenta para controlar as operações e auxiliar no processo de tomada de decisões e no planejamento das atividades na propriedade (FLÔR et al., 2020). É primordial a administração dos custos para monitoramento de informações e controle do negócio bem como para enfrentar os concorrentes que comercializam produtos semelhantes no mercado.

O acesso ao crédito rural não é uma realidade para a maioria dos estabelecimentos agropecuários visto que na maioria dos estabelecimentos agropecuários os agricultores não obtiveram acesso às linhas de financiamento para investimento em equipamentos. Nota-se que o investimento é predominantemente destinado para a aquisição de tratores (Tabela 4). A dificuldade de acesso ao crédito é um fator limitante para o desenvolvimento do setor agropecuário sendo este uma das principais barreiras para promoção de uma agropecuária sustentável (LOPES *et al.*, 2016). Vale destacar que a questão não é a falta de recursos financeiros para o crédito, mas sim a dificuldade de acessá-lo devido à burocracia, como relatado pelos entrevistados. O principal programa de financiamento para os produtores familiares é o Pronaf, criado em 1995 para prover crédito para custeio e investimento a produtores individuais. Assim, com acesso ao crédito os agricultores poderão investir mais em equipamentos e recursos tecnológicos os quais podem possibilitar um aumento da produtividade.

Tabela 4 – Obtenção de financiamento para investimento em equipamentos

Município	Obteve	Não obteve	Tratores	Semeadeiras Plantadeiras	Colheitadeiras	Adubadeiras Dist. Calcário
Alegre	306	2012	66	8	11	4
Bom Jesus do Norte	12	180	10	1	4	1
Divino S. Lourenço	91	566	101	3	5	0
Dores do Rio Preto	154	508	148	21	19	5
Guaçuí	122	1370	181	21	34	8
Ibatiba	232	1607	182	1	3	0
Ibitirama	215	902	205	7	10	2
Irupi	267	880	138	1	2	1
Iúna	297	1844	195	0	1	1
Muniz Freire	389	1990	166	8	11	4
S. José do Calçado	48	739	30	3	0	0
Total geral	2133	12598	1422	74	100	26

Fonte: IBGE – Censo Agropecuário (2017).

O uso da terra no Espírito Santo destaca-se pela elevada presença de pastagens, que correspondem a 45% da área total dos estabelecimentos agropecuários, seguido pelas matas ou florestas plantadas (25%) e pelas lavouras (22%). Dentre as pastagens, a maioria encontra-se em boas condições (88,9%), a maior parte das lavouras são permanentes (78,7%) e 65% das matas ou florestas naturais são destinadas à Área de Preservação Permanente ou Reserva Legal (Tabela 5).

Tabela 5 – Utilização das terras no Estado do Espírito Santo

Uso	Percentual – %	Categoria	Área – ha	Percentual – %
Lavoura	22%	Permanente	563.052	78,7 %
		Temporária	150.538	21,1%
		Flores	1.210	0,2%
Pastagens	45%	Naturais	5.504	0,4%
		Plantadas – boas condições	1.310.487	88,9%
		Plantadas – más condições	157.081	10,7%
Matas ou Florestas	25%	Naturais	27.837	3%
		Naturais destinadas APP/RL	521.729	65%
		Plantadas	252.188	31%
Outros	8%		257.137	

Fonte: IBGE – Censo Agropecuário (2017).

Na agricultura capixaba os produtos mais representativos economicamente são café, banana, mamão e pimenta-do-reino, com destaque para a cafeicultura, atividade que representa aproximadamente 36,2% do Valor Bruto da Produção Agropecuária capixaba (GALEANO *et al.*, 2018).

A utilização das terras na Microrregião do Caparaó segue uma proporção semelhante à distribuição estadual, ou seja, a maior parte (47,5%) são pastagens, seguido pelas lavouras, predominantemente lavouras permanentes (90,2% da área de lavouras) e as matas ou florestas representam 17,6% predominando as naturais com 66,6% do percentual (Tabela 6). Na agricultura da Microrregião do Caparaó os produtos mais representativos economicamente, dentre as lavouras permanentes, destacam-se a lavoura cafeeira e o cultivo de banana (Tabela 7).

Tabela 6 – Utilização das terras na Microrregião do Caparaó, ES

Uso	Percentual – %	Categoria	Área – ha	Percentual – %
Lavoura	26,9%	Permanente	68.381	90,2
		Temporária	7.371	9,7
		Flores	37	0,05
Pastagens	47,5%	Plantadas – boas condições	99.360	74,2
		Plantadas – más condições	34.559	25,8

continua...

Uso	Percentual – %	Categoria	Área – ha	Percentual – %
Matas ou Florestas	17,6%	Naturais	32.999	66,6
		Naturais destinadas APP/RL	4.868	9,8
		Plantadas	11.713	23,6
Outros	8%		22.804	

Fonte: IBGE – Censo Agropecuário (2017).

Apesar da predominância de pastagens na microrregião, a cafeicultura é a principal atividade. Destacam-se com o maior número de estabelecimentos com atividade cafeeira, café arábica, os municípios de Ibatiba, Iúna, Muniz Freire e Guaçuí, que juntos somam 6.078 estabelecimentos, 41,3% do total de estabelecimentos agropecuários da microrregião (Tabela 7).

O cultivo café conilon concentra-se em Alegre e Muniz Freire correspondendo a 7,2% dos estabelecimentos agropecuários, provavelmente em função do clima mais quente e da baixa altitude. O cultivo de banana ocorre em todos os municípios, mas é mais evidente em São José do Calçado e em Alegre com os maiores números de estabelecimentos com esse cultivo (139 e 116, respectivamente). Apesar do mamão ser um dos produtos mais representativos da agricultura capixaba, na Microrregião do Caparaó essa cultura não tem destaque, praticamente nenhum município realiza o seu cultivo, surgindo assim oportunidade para outras culturas como o palmito e tangerina, bergamota e mexerica (Tabela 7).

O município de Alegre se destaca com o maior número de estabelecimentos (28) realizando o cultivo de palmito, seguido por Ibitirama (19), São José do Calçado (16) e Iúna (15). Essa cultura pode ser uma alternativa para diversificação das atividades, assim como a fruticultura pois esta pode produzir pequenas quantidades, mas com qualidade, assim diversificar a atividade agrícola, e produzir um pouco de cada pode contribuir com a renda na propriedade, afirmaram os entrevistados.

A maioria dos estabelecimentos agropecuários nos municípios da Microrregião produzem café. A exceção vai para Alegre dos quais somente 58% cultivam café arábica e 42% cultivam café conilon. O município de Muniz Freire também se destaca na produção de café conilon, sendo este cultivado em 25% dos estabelecimentos agropecuários (Tabela 7).

A fruticultura é uma atividade importante, responsável por 13% do valor bruto da produção agropecuária em 2016 (GALEANO *et al.*, 2018). Dentre as frutíferas cultivadas na microrregião com maior expressão, encontram-se a banana, a laranja e a tangerina, bergamota ou mexerica (Tabela 7), presente em todos os municípios da microrregião.

Tabela 7 – Número de estabelecimentos com as principais lavouras permanentes nos municípios da Microrregião do Caparaó

Municípios	Total	Banana	Café em grão (verde)		Laranja	Palmito	Tangerina Bergamota Mexerica
			arábica	conilon			
Alegre	1430	116	838	596	41	28	3
Bom Jesus do Norte	66	26	32	37	7	6	1
Divino de São Lourenço	533	10	530	-	3	1	0
Dores do Rio Preto	530	49	518	-	18	7	1
Guaçuí	1205	89	1172	17	21	1	4
Ibatiba	1710	98	1706	-	8	11	2
Ibitirama	900	72	897	1	2	19	0
Irupi	985	65	984	-	11	0	2
Iúna	1608	81	1604	8	9	15	3
Muniz Freire	1841	90	1596	465	7	12	13
São José do Calçado	393	139	299	72	40	16	6

Fonte: IBGE – Censo Agropecuário (2017).

A produção de café ocorre em todos os municípios da microrregião do Caparaó. Em todos eles, é produzido a variedade de café arábica e o conilon é produzido principalmente em Alegre e Muniz Freire (Tabela 7).

A microrregião do Caparaó concentra a maior produção de café arábica do Espírito Santo (38,2%) (GALEANO *et al.*, 2016). Os municípios que mais produzem café arábica na microrregião são Iúna, Ibatiba e Irupi (Tabela 7). Já a banana é produzida em maior quantidade em Alegre, Ibatiba e Muniz Freire (Tabela 8).

Tabela 8 – Área colhida e produção de café e banana nos municípios da Microrregião do Caparaó

Municípios	2017				
	Café			Banana	
	Área colhida (ha)	Produção (t)	Rendimento médio (kg/ha)	Área colhida (ha)	Produção (t)
Alegre	4.996	3.517	704	111	875
Bom Jesus do Norte	117	114	974	24	55
Divino de São Lourenço	1.518	1.662	1.094	1	16
Dores do Rio Preto	3.281	4.099	1.249	13	166

continua...

continuação

Municípios	2017				
	Café			Banana	
	Área colhida (ha)	Produção (t)	Rendimento médio (kg/ha)	Área colhida (ha)	Produção (t)
Guaçuí	5.972	6.235	1.044	57	267
Ibatiba	8.476	9.884	1.166	73	783
Ibitirama	4.422	5.257	1.189	9	179
Irupi	8.099	7.786	961	20	236
Iúna	10.379	11.197	1.079	22	180
Muniz Freire	7.003	6.273	896	60	655
São José do Calçado	1.431	888	620	79	376
Total geral	55.694	56.912	1.022	469	3.788

Fonte: IBGE – Censo Agropecuário (2017).

A microrregião do Caparaó contribuiu para que o Espírito Santo se consolidasse como um dos maiores produtores de cafés no cenário nacional, sendo o detentor da cafeicultura mais completa por produzir em quantidade e qualidade as duas espécies de cafés mais consumidas no mundo (café arábica e café conilon) (COSTA et al., 2018).

Essa atividade possui potencial para dinamizar as economias locais com poucas alternativas de desenvolvimento sendo a que mais emprega por hectare, onde para cada hectare cultivado há oportunidade de trabalho para até cinco trabalhadores. Assim, tem sido incentivado o cultivo de frutas devido sua importância de diversificação das atividades agrícolas e para a geração de trabalho e renda, reduzindo o êxodo rural (GALEANO et al., 2018).

Quanto à produtividade do café na microrregião, apesar das pesquisas com o desenvolvimento de variedades mais produtivas, esta está ainda abaixo da média estadual (COSTA et al., 2018). O município com melhor produtividade de café arábica é Dores do Rio Preto, apesar de não ter sido o que conseguiu a maior produção (Tabela 8).

O tipo de manejo adotado nos estabelecimentos agropecuários para o desenvolvimento das atividades de produção pode contribuir positiva ou negativamente para a conservação do solo e da água. O manejo que revolve menos o solo é mais interessante pois contribui para preservar suas propriedades e com isso degradar menos os solos. Na Microrregião do Caparaó 30,13% dos solos nas áreas de café estão degradados (BARRETO et al., 2012), assim adotar uma forma de manejo que revire menos o solo é mais interessante do ponto de vista de conservação. Nota-se uma tendência em utilizar-se o cultivo mínimo e o plantio direto nos estabelecimentos agropecuários na Microrregião do Caparaó (Tabela 9). Além dessa forma de manejo outras práticas agrícolas como construção de caixas secas nos carreadores, plantio em curva de nível e rotação de culturas são importantes e contribuem para a conservação dos solos.

Independentemente do cultivo adotado, a maioria dos estabelecimentos agropecuários fazem uso de adubação química e utilizam agrotóxicos na condução dos cultivos (Tabela 9).

Tabela 9 – Tipo de manejo adotado nas lavouras, número de estabelecimentos agropecuários que fazem ou não fazem adubação e que utilizam ou não utilizam agrotóxico na Microrregião do Caparaó

Município	Convencional	Mínimo	PD (área)	Adubação		Agrotóxico	
				Fez	Não Fez	Utilizou	Não utilizou
Alegre	130	65	71	1542	776	1082	1236
Bom Jesus do Norte	41	0	54	99	93	44	148
Divino de São Lourenço	75	64	286	552	104	258	398
Dores do Rio Preto	37	95	0	581	79	277	383
Guaçuí	328	28	120	1266	226	698	794
Ibatiba	35	30	1	1722	116	1233	605
Ibitirama	104	18	0	917	199	650	466
Irupi	6	11	0	1025	122	638	509
Iúna	61	401	228	1683	457	1352	788
Muniz Freire	117	38	146	2016	363	1570	809
São José do Calçado	346	234	62	514	271	136	649
Total geral	1280	984	968	11917	2806	7938	6785

Fonte: IBGE – Censo Agropecuário (2017).

Cabe destacar que os municípios com maior número de estabelecimentos com lavoura permanente (Ibatiba, Iúna e Muniz Freire) são também os municípios com maior número de estabelecimentos que utilizam agrotóxico no manejo das lavouras, principalmente no café.

Para manter a produção e se estabelecer no mercado a manutenção das lavouras é crucial, e escolher o tipo de manejo que vai ser utilizado pode influenciar em toda a cadeia produtiva. Mas não são apenas esses aspectos que sofrem influência do tipo de manejo da propriedade.

O uso de agrotóxicos e adubação química influenciam diretamente nas dinâmicas ambientais e de saúde pública, já que os produtos químicos e os resíduos gerados por esses produtos podem contaminar a água e o solo, prejudicar o lençol freático consequentemente afetando a saúde de quem consome essa água, ou seja, a aplicação de agrotóxicos afeta não só ao aplicador, mas também a toda a população ao redor que depende dos recursos naturais que estão sendo contaminados, a fauna e a flora locais que também dependem desse recurso, certamente serão afetados pelo manejo das propriedades (LOPES *et al.*, 2018).

A crescente mudança de paradigmas em relação à tradição e os métodos de produção podem estar proporcionando novas perspectivas aos produtores, na Microrregião do Caparaó pois, percebe-se que aproximadamente 46,1% dos produtores não utilizam agrotóxicos em suas propriedades. Com exceção dos municípios de Ibatiba, Ibitirama, Irupi, Iúna e Muniz Freire, os demais possuem mais propriedades que não usam agrotóxicos do que propriedades que utilizam (Tabela 9).

O uso de agrotóxicos torna-se mais problemático na medida em que não é acompanhado pelo uso dos equipamentos de proteção individual — EPI. Essa situação é uma realidade na microrregião, pois como relatado pelos entrevistados, o uso de agrotóxico é alto e um fato que contribui para agravar os problemas associados ao uso de agrotóxicos é o descarte irregular das embalagens.

Percebe-se que a presença de sistemas agroflorestais (SAF) ainda é insipiente em relação ao sistema tradicional de produção na microrregião, representando apenas 0,7% da área total produzida, sendo que em 3 dos 11 municípios não há nenhuma área de SAF. Apenas 1,0% das áreas produtivas possuem irrigação o que pode ser devido ao perfil produtivo de cada município (Tabela 10).

Tabela 10 – Número de estabelecimentos que implantaram Sistema Agroflorestal – SAF, e área irrigada nos municípios da Microrregião do Caparaó

Município	Nº Estabelecimentos	Área	SAF	Área Irrigada
Alegre	2318	62708	179	441
Bom Jesus do Norte	192	6621	468	51
Divino de São Lourenço	662	11715	0	46
Dores do Rio Preto	657	10675	0	25
Guaçuí	1492	38130	285	284
Ibatiba	1839	18490	0	106
Ibitirama	1117	18393	41	36
Irupi	1147	13832	24	18
Iúna	2141	28581	57	95
Muniz Freire	2379	49334	88	1366
São José do Calçado	787	23613	789	271

Município	Nº Estabelecimentos	Área	SAF	Área Irrigada
Total geral	14731	282092	1931	2739

Fonte: IBGE – Censo Agropecuário (2017).

A instauração de SAF mostra-se extremamente necessária, bem como seu incentivo pelo poder público, visto que frente as mudanças climáticas no território brasileiro é um sistema menos vulnerável as tempestades e secas prolongadas por exemplo, proporcionando maior diversificação da produção, o que contribui para contornar a sazonalidade da produção, assegurando mais soberania alimentar para produtores rurais (SCHEMBERGUE et al., 2017).

A restauração de sistemas ambientais complexos como a mata atlântica também é possível a partir da abordagem dos sistemas agroflorestais, já que contribui não só com o produtor rural, mas com todo o ecossistema local, já que promove a incorporação de matéria orgânica no solo, gera alimento para a fauna e favorece a atividade microbiológica a partir do aumento da umidade e fertilidade do solo, bem como conservar sua estrutura (MARTINS et al., 2019).

O baixo índice de estabelecimentos com SAF (13,1%) pode estar associado à posse definitiva da terra pelo fato de ser um sistema que envolve investimento de longo prazo (BERNAL; MARTINS, 2015).

A participação da Agroecologia na Microrregião Caparaó

O movimento agroecológico Capixaba vem se desenvolvendo a mais de 40 anos quando se iniciaram as primeiras pesquisas nessa área a partir dos trabalhos desenvolvidos pelos técnicos do Incaper na Fazenda Experimental Mendes da Fonseca em Domingos Martins, local onde hoje está instalada a Unidade de Referência em Agrecologia — URA, considerado um dos centros de pesquisas mais antigo do Brasil nessa área (FORMENTINI e SOUZA, 2016).

Desde então muitas experiências exitosas têm sido desenvolvidas, tanto de pesquisa quanto de extensão junto aos agricultores.

Na microrregião do Caparaó poucos estabelecimentos agropecuários adotam uma forma de manejo orgânico (Tabela 11), muitas vezes utilizada como sinônimo para agroecológico, mas que apresenta diferenças conceituais e filosóficas que não serão discutidas aqui. Os municípios que apresentam maior número de estabelecimentos nessa situação são Iúna,

Bom Jesus do Norte, Alegre e Muniz Freire. Desses, somente Bom Jesus do Norte apresenta um percentual de 13% dos estabelecimentos realizando algum tipo de manejo orgânico, seja para produção vegeta, produção animal ou ambos, porém nos demais a representatividade é bem menor. De modo geral a prática da agricultura orgânica é realizada em sua maioria por agricultores familiares.

Tabela 11 — Número de estabelecimentos da agricultura não familiar e da agricultura familiar que utilizam adubo orgânico na produção vegetal, na produção animal e em ambos

Município	Nº Estabelecimentos	Agric. não familiar			Agric. Familiar			Total
		PV	PA	PV/PA	PV	PA	PV/PA	
Alegre	2318	3	2		14	1	1	21
Bom Jesus do Norte	192	7	2	4	8	2	2	25
Divino de São Lourenço	662	1			2	2	1	6
Dores do Rio Preto	657	5		2	8		1	16
Guaçuí	1492	1		1	10		1	12
Ibatiba	1839	1					1	2
Ibitirama	1117				5	2	1	8
Irupi	1147				2			2
Iúna	2141	15			14		2	31
Muniz Freire	2379	2	3		5	8		18
São José do Calçado	787	1			1	3		5

Fonte: IBGE — Censo Agropecuário (2017).

A agroecologia ganhou força com a publicação do Decreto nº 7.794/2012 objetivando integrar, articular e adequar as diversas políticas, programas e ações desenvolvidas no âmbito do governo federal, que visam induzir a transição agroecológica e fomentar a produção orgânica e de base agroecológica, contribuindo para a produção sustentável de alimentos saudáveis e aliando o desenvolvimento rural com a conservação dos recursos naturais e a valorização do conhecimento dos povos e comunidades tradicionais (SAMBUICHI et al., 2017).

Caminhando nesse sentido, o Estado do Espírito Santo recentemente publicou sua Política Estadual de Agroecologia — PEAPO, por meio da Lei Estadual 10.951/2018, um grande avanço para o movimento agroecológico capixaba. Para efetivar essa política, está sendo elaborado o Plano Estadual de Agroecologia — PLEAPO, o qual tem sido discutido com os movimentos sociais e organizações governamentais ligadas ao setor.

Uma iniciativa que contribui para divulgar as práticas agroecológicas são os Núcleos de Agroecologia — NEA. Na microrregião do Caparaó identificamos dois NEAs vinculados ao Instituto Federal do Espírito Santo — Ifes, um deles localizado no campus Ibatiba e o outro no campus de Alegre. Além desses NEAs, a Universidade Federal do Espírito Santo — UFES, a partir do Grupo Kapixawa desenvolve iniciativas importantes, apoiado por professores e estudantes.

Interessante destacar que os agricultores declararam utilizar adubos orgânicos, tanto na produção vegetal quanto na produção animal, somente quatro agricultores estão cadastrados no Ministério da Agricultura como produtores orgânicos (MAPA, 2020). Esse cenário cria oportunidade para que os agricultores possam se organizar em sistemas participativos tipo Organismo de Controle Social — OCS, para buscar uma adequação da conformidade orgânica, assim, obtendo o selo de produtores orgânicos podendo agregar valor aos seus produtos.

Conclusões

Considerando o setor agrícola, muitos paradigmas devem ser rompidos, sendo um dos mais influentes o modelo de agricultura reducionista adotado desde a década de 1950. Esse modelo é pautado no pacote tecnológico da "revolução verde" fundamentado no paradigma químico da produção agrícola, incompatível com a agricultura sustentável pois, devido ao uso intenso de agroquímicos produz efeitos drásticos contribuindo para o aumento do efeito estufa, das mudanças climáticas, da acidificação dos solos e eutrofização dos mananciais hídricos (BAIARDI; VEIGA, 2015).

A agricultura praticada na microrregião do Caparaó tem se desenvolvido seguindo um modelo insustentável, embasado nesse paradigma da revolução verde. Isso faz com que o desenvolvimento regional sustentável seja um desafio a ser alcançado visto que os modelos propostos em prática não contribuem para a manutenção do equilíbrio ambiental. Assim, buscar um modelo alternativo, com uso racional dos recursos naturais deve ser a base das ações, de modo a utilizar a vocação agropecuária com responsabilidade social e ambiental (FALEIRO, 2015).

A agricultura representa um setor muito importante para o desenvolvimento socioeconômico da microrregião, merecendo, dessa forma, uma atenção especial dos gestores públicos para assim implementar ações estratégicas que contribuam para o fortalecimento do setor, especialmente os agricultores familiares os quais são os principais responsáveis pela produção agropecuária na microrregião.

Os agricultores familiares, ocupantes de 70% dos estabelecimentos agropecuários, demandam oferta de serviços essenciais para melhorar a produção como o acompanhamento técnico por meio de uma assistência técnica e extensão rural (ATER) e também uma orientação gerencial (ATEG) mais eficiente; a oferta de energia elétrica trifásica; uma melhor qualidade do serviço de telefonia e de internet; estradas que facilitem o escoamento da produção, principalmente as estradas vicinais que em época de chuvas ficam muito afetadas.

Além desses serviços, o acesso e a posse da terra é uma questão importante para alcançar a sustentabilidade visto que o investimento em atividades de longo prazo está vinculado à posse da terra a qual também pode contribuir para a inserção, tanto da mulher quanto do jovem, na agricultura.

A promoção de pesquisa agropecuária regionalizada que identifique culturas ou variedades que sejam mais aptas para a microrregião associado àquilo que os agricultores já desenvolvem, contribuindo com a diversificação da atividade, gerando emprego e renda por meio da inovação nos processos produtivos.

Por fim estimular nos agricultores o envolvimento nos processos participativos para tomada de decisões e fortalecimento das políticas públicas, principalmente o PNAE e o PAA, base para a agricultura familiar. Promover o desenvolvimento regional sustentável é possível, para tanto é preciso vontade política e propostas que envolvam toda a comunidade na busca das soluções e enfrentando os desafios. As alternativas devem ser trabalhadas de forma participativa, colaborativa e organizada, envolvendo todos os atores sociais, utilizando critérios técnicos e ações aprofundadas de pesquisa e desenvolvimento (FALEIRO, 2015).

Agradecimentos

Agradecemos ao Instituto Jones dos Santos Neves: IJSN, por proporcionar o desenvolvimento da pesquisa por todas as partes envolvidas além de disponibilizar os dados e aparatos operacionais para o bom desenvolvimento do projeto, bem como a Fundação de Amparo à Pesquisa do Espírito Santo: FAPES, por permitir e propiciar financiamento e assegurar a operacionalização da pesquisa. Agradecemos a todos os entrevistados e as secretarias de meio ambiente e agricultura dos municípios da microrregião do Caparaó pela colaboração, assim como aos escritórios regionais do INCAPER: Instituto Capixaba de Pesquisa, Assistência Técnica e Extensão Rural, pela assistência prestada e pelas indicações feitas.

REFERÊNCIAS

AB'SÁBER, A. **Os domínios de Natureza no Brasil**. São Paulo, Ateliê Editorial, 2005.

AGRIBUSINESS RESEARCH & KNOWLEDGE CENTER. **Impactos do Covid-19 no agronegócio brasileiro**. [*S. l.*]: Agribusiness Research & Knowledge Center, 2020.

BAIARDI, A.; VEIGA, J. E. da. Desenvolvimento agrícola sustentável: uma possibilidade contemporânea. *In*: BAIARDI, A. (org.). **Potencial de agricultura sustentável na Bahia**: possibilidades e sugestões de linhas de pesquisa por ecossistemas. Salvador: EDUFBA, 2015a.

BALARINI, S. J. *et al.* Setor agrícola capixaba: diagnóstico e perspectivas. **Revista Fundação Jones do Santos Neves**, ano 2, n. 3, p. 5-11, 1979.

BARRETO, P.; SARTORI, M.; DADALTO, G. G. **Levantamento de áreas agrícolas degradadas no Estado do Espírito Santo**. Vitória, ES: CEDAGRO, 2012.

BERNAL, A. B.; MARTINS, A. M. C. **Formação de agentes populares de educação ambiental na agricultura familiar**: Educação ambiental e agricultura familiar no Brasil: aspectos introdutórios. Brasília: MMA, 2015a.

BRASIL. Ministério da Agricultura, Pecuária e Abastecimento. Cadastro Nacional dos Produtores Orgânicos. **Ministério da Agricultura, Pecuária e Abastecimento**, Brasília, DF, 9 mar. 2017. Disponível em: https://www.gov.br/agricultura/pt-br/assuntos/sustentabilidade/organicos/cadastro-nacional-produtores-organicos. Acesso em: 4 nov. 2020.

BRASIL. Ministério do Meio Ambiente. **Formação de agentes populares de educação ambiental na agricultura familiar**: volume 3 – Cenário socioambiental rural brasileiro e as formas de organização social e produtiva no campo e na floresta. Brasília: MMA, 2015b.

COSTA, E. B.; CADE, A. M. E.; ALVARENGA, A. B. **Boletim da conjuntura agropecuária capixaba**, Vitória, ES, ano 4, n. 16, 2018.

CRUZ, M. P. M. da *et al*. Diferenciais de rendimentos entre atividades agrícolas e não agrícolas no meio rural nordestino. **Revista de Desenvolvimento Econômico RDE**, Salvador, ano 21, v. 2, p. 201-231, 2019.

CUNHA, S. K. da; CUNHA, J. C. da. Competitividade e sustentabilidade de um cluster de turismo: uma proposta de modelo sistêmico de medida do impacto do turismo no desenvolvimento local. **Revista de Administração Contemporânea**, v. 9, p. 63-79, 2005.

DA VEIGA, J. E. Agricultura familiar e sustentabilidade. **Cadernos de Ciência & Tecnologia**, v. 13, n. 3, p. 383-404, 1996.

EMPRESA BRASILEIRA DE PESQUISA AGROPECUÁRIA. **O futuro da agricultura brasileira**. Brasília, DF: Embrapa, 2018.

FALEIRO, F. G. Ecossistema do cerrado na Bahia: possibilidades de desenvolvimento agrícola sustentável e sugestões de linhas de pesquisa. *In*: BAIARDI, A. (org.). **Potencial de agricultura sustentável na Bahia**: possibilidades e sugestões de linhas de pesquisa por ecossistemas. Salvador: EDUFBA, 2015b.

FASSARELLA, R. A.; REGO, M. A. A estrutura fundiária do Espírito Santo de 1970 a 2006. *In*: FERRARI, M. A. R.; ARTHMAR, R. (org.). **Novas leituras sobre a economia do Espírito Santo**. Vitória: PPGEco/CORECON-ES, 2011.

FLÔR, S. B. de S. *et al*. Análise de custos da tangerina "Ponkan" (Citrus reticulata Blanco) em Venda Nova do Imigrante, Espírito Santo. *In*: COSTA, A. F. da (ed.). **Custos na agricultura da região serrana do Espírito Santo**. São Carlos: Pedro&João Editores, 2020.

FORMENTINI, E. A.; SOUZA, J. L. de. A agricultura agroecológica no Espírito Santo. *In*: DADALTO, G. G. *et al*. (ed.). **Transformações da agricultura capixaba**: 50 anos. Vitória, ES: Cedagro: Incaper: Seag, 2016.

FREITAS, Eduardo de. Aspectos naturais do Espírito Santo. **Brasil Escola**, [*s. n.*], [20--?]. Disponível em: https://brasilescola.uol.com.br/brasil/aspectos-naturais-espirito-santo.htm. Acesso em: 22 ago. 2020.

GALEANO, E. A. V.; SPERANDIO, F. S. de M.; ROCHA, J. F.; FERRO, L. M. V.; CAETANO, L. C. S.; GODINHO, T. de O. Síntese da produção agropecuária do Espírito Santo 2016/2017. **Incaper**, Documentos, n. 257, 2018.

GALEANO, E. A. V.; VINAGRE, D.; OLIVEIRA, N. A. de; BORGES, V. A. J.; CHIPOLESCH, J. M. A. Síntese da produção agropecuária do Espírito Santo 2014/2015. **Incaper**, Documentos, n. 247, 2017.

GLIESSMAN, S. R. **Agroecologia**: processos ecológicos em agricultura sustentável. Porto Alegre: Editora da UFRGS, 2001.

GOMES, E. G.; MELLO, J. C. C. B. S. de; MANGABEIRA, J. A. de C. Estudo da sustentabilidade agrícola em um município Amazônico com análise envoltória de dados. **Pesquisa Operacional**, v. 29, n. 1, p. 23-42, 2002.

GUIMARÃES, G. P.; ANDRADE, K. C. D.; MENDONÇA, E. D. S. Erosão hídrica e compartimentos da matéria orgânica do solo em sistemas cafeeiros conservacionistas e convencionais. **Coffee Science**, v. 10, n. 3, p. 365-374, 2015.

INSTITUTO BRASILEIRO DE GEOGRAFIA E ESTATÍSTICA. Censo Agropecuário 2017. **Sidra**, [s. l.], 2017. Disponível em: https://sidra.ibge.gov.br/pesquisa/censo-agropecuario/censo-agropecuario-2017#caracteristicas-estabelecimentos. Acesso em: 15 ago. 2020.

INSTITUTO JONES DOS SANTOS NEVES. **Diagnóstico socioeconômico da microrregião Caparaó**. Vitória: Instituto Jones dos Santos Neves, 2005.

INSTITUTO JONES DOS SANTOS NEVES. **Nota técnica**: memória dos dados e metodologia para o panorama das microrregiões do Espírito Santo. Vitória: Instituto Jones dos Santos Neves, 2019.

LOPES, C. V. A.; ALBUQUERQUE, G. S. C. de. Agrotóxicos e seus impactos na saúde humana e ambiental: uma revisão sistemática. **Saúde em debate**, v. 42, p. 518-534, 2018.

LOPES, D.; LOWERY, S.; PEROBA, T. L. C. Crédito rural no Brasil: desafios e oportunidades para a promoção da agropecuária sustentável. **Revista do BNDES**, n. 45, p. 155-196, 2016.

MARAFON, G. J. Transformações no espaço rural fluminense: o papel da agricultura familiar e das atividades turísticas. **Revisitando o Território Fluminense**, v. 6, p. 105-121, 2017.

MARIN, J. O. B. Agricultores familiares e os desafios da transição agroecológica. **Revista UFG**, v. 11, n. 7, 2009.

MARTINS, Eline Matos *et al.* O uso de sistemas agroflorestais diversificados na restauração florestal na Mata Atlântica. **Ciência Florestal**, v. 29, n. 2, p. 632-648, 2019.

SANTOS, Â. A. *et al.* Estudos rurais: Uma breve retórica sobre o patriarcado. **Brazilian Journal of Development**, v. 6, n. 10, p. 76533-76548, 2020.

SANTOS, N. A. dos. A divisão sexual do trabalho na agricultura familiar: entre a invisibilidade e a desvalorização do trabalho (re)produtivo de mulheres trabalhadoras rurais do município de Brejo/MA frente à expansão da monocultura de soja. **R. Pol. Públ.**, n. esp., p. 331-337, 2016.

SCHEMBERGUE, A. *et al.* Sistemas agroflorestais como estratégia de adaptação aos desafios das mudanças climáticas no Brasil. **Revista de Economia e Sociologia Rural**, v. 55, n. 1, p. 9-30, 2017.

SCHMITZ, A. M.; SANTOS, R. S. A divisão sexual do trabalho na agricultura familiar. **Seminário Internacional Fazendo Gênero**, v. 10, 2013.

SILVA, A. E. S. da; COSTA, E. B. da; DADALTO, G. G.; LOSS, W. R. Síntese da evolução da agricultura capixaba. *In*: DADALTO, G. G. *et al.* (ed.). **Transformações da agricultura capixaba**: 50 anos. Vitória, ES: Cedagro: Incaper: Seag, 2016.

TRAD, L. A. B. Grupos focais: conceitos, procedimentos e reflexões baseadas em experiências com o uso da técnica em pesquisas de saúde. **Physis Revista de Saúde Coletiva**, v. 19, n. 3, p. 777-796, 2009.

ZANDONADI, B. M.; FREIRE, A. L. O. Agrotursimo: cultura e identidade agregando rendo no espaço rural. **Revista de Turismo Contemporâneo – RTC**, v. 4, n. 1, p. 23-44, 2016.

CAPÍTULO 5

OS FUNDOS PÚBLICOS COM INSTRUMENTO PARA O DESENVOLVIMENTO REGIONAL SUSTENTÁVEL

Maria Claudia Lima Couto[28]

Introdução

O desenvolvimento regional sustentável refere-se às transformações ocorridas em um dado espaço geográfico e requer uma unidade orgânica entre três aspectos centrais: equidade social, conservação do meio ambiente e ampliação da qualidade de vida de todos os habitantes. Estas transformações devem ser construídas considerando a diversidade, o modo de vida, problemas e desafios locais (SANTOS, 2021).

Este estudo sobre fundos públicos foi realizado no âmbito do Projeto Desenvolvimento Regional Sustentável do Espírito Santo (DRS-ES), o qual visa possibilitar um "novo olhar para as questões regionais capixabas, com suas especificidades territoriais e diversidade cultural" (IJSN, 2021). O Projeto busca promover o crescimento descentralizado, de forma equitativa e integrada, considerando as vocações e potencialidades das microrregiões do estado.

As intensas transformações ambientais têm trazido cada vez mais preocupações, principalmente sobre como gerir as relações entre as atividades humanas e o meio ambiente na escala local. Sendo que ao poder público municipal foram atribuídas responsabilidades diretamente relacionadas às intervenções no meio ambiente, que se somam às de educação, saúde, assistência social, transporte público e proteção do patrimônio histórico-cultural local, entre outras (IPAM, 2015).

Neste sentido, os recursos não reembolsáveis são um importante mecanismo de incentivo na realização de projetos locais. A disponibilização desse tipo de recurso pode viabilizar projetos que de outra forma não seriam implantados, pois há uma redução dos custos para os agentes executores (RODRIGUES, 2014).

---

28 E-mail: maria.couto@ifes.edu.br/ mariaclaudial@gmail.com.

Entretanto, alguns fatores fazem com que recursos de fundos públicos não sejam utilizados em sua plenitude, como a ausência de equipe técnica municipal para submissão e execução de projetos; a baixa qualidade técnica das propostas apresentadas e a falta de acesso às informações das fontes financiadoras (IPAM, 2015).

Diante deste cenário, este capítulo tem como objetivo apresentar os resultados de um estudo sobre os fundos públicos existentes no ES no âmbito estadual e municipal, e suas relações com os eixos do projeto DRE-ES, em especial aos relacionados ao eixo ambiental, com proposição de diretrizes que possibilitem ampliar a aplicação dos fundos a projetos que visem o desenvolvimento regional sustentável.

Espera-se que os resultados obtidos neste estudo possam suprir uma lacuna quanto à existência de uma base de dados sobre os fundos públicos e suas aplicações, auxiliando os municípios, órgãos públicos estaduais e organizações não governamentais, para que haja um melhor direcionamento nos planos de aplicação e em projetos de captação destes recursos.

Fundos públicos

Os fundos públicos estão dispersos por toda a administração direta e foram concebidos para agilizar a gestão e garantir recursos públicos para áreas/setores específicos, sob a alegação de serem estratégicos aos interesses nacionais. Os fundos especiais são previstos no art. 71 da Lei Federal nº 4.320/64, sendo criados para receber e distribuir recursos financeiros para a realização de atividades ou projetos específicos (BASSI, 2019).

Um fundo especial está associado à identificação de ações e necessidade de investimentos em áreas consideradas relevantes para a coletividade, seja um setor ou uma região (SILVA e SARMENTO, 2006). Segundo Reis (1991, p.16)

> [...] os fundos especiais são mecanismos de que a entidade governamental se utiliza para aplicar eficientemente os seus recursos e com isso efetivar a sua participação no desenvolvimento e no crescimento socioeconômico.

Os fundos especiais, dependendo do objetivo pretendido, desdobram-se em fundos de gestão de recursos financeiros, fundos rotativos e fundos de gestão de recursos financeiros e de outras naturezas. Os fundos de gestão são destinados à execução de programas especiais e trabalhos em setores da administração pública, tais como saúde, educação, assistência e outros (SILVA; SARMENTO, 2006).

Estes financiamentos não reembolsáveis são comumente chamados de financiamentos a "fundo perdido", por seus recursos não serem devolvidos à fonte financiadora, desde que seja realizada a correta prestação de contas dos recursos repassados. O acesso a essas fontes de financiamento é voluntário e o apoio se dá através de convênios, contratos, entre outros instrumentos legais (IPAM, 2015).

A disponibilização de recursos não reembolsáveis, ou seja, desembolsados a fundo perdido, sem que haja a criação de um passivo financeiro a ser quitado posteriormente, é um importante mecanismo de incentivo, principalmente para os municípios cujos recursos financeiros têm como origem as receitas próprias ou as transferências intergovernamentais.

As receitas próprias provêm das arrecadações realizadas pelos municípios por meio de impostos por eles mesmos cobrados, como o Imposto sobre a Propriedade Predial e Territorial Urbana (IPTU) e o Imposto Sobre Serviços de Qualquer Natureza (ISS), os quais o governo municipal escolhe como utilizar para executar suas ações, conforme prioridades estabelecidas.

As transferências intergovernamentais são recursos arrecadados por um ente federativo e transferido a outro(s). Parte delas é chamada de transferências constitucionais, por estarem previstas na Constituição Federal de 1988. Os principais recursos que os municípios recebem da União e dos estados são:

I – Transferências federais

- FPM – Fundo de Participação dos Municípios;
- ITR – Imposto sobre a Propriedade Territorial Rural;
- Fundeb – Fundo de Manutenção e Desenvolvimento da Educação Básica e de Valorização dos Profissionais da Educação;
- FNS/ SUS – Transferência do Fundo Nacional de Saúde para o Sistema Único de Saúde; e
- Compensações financeiras.

II – Transferências estaduais

- ICMS – Imposto sobre Circulação de Mercadorias e Prestação de Serviços de transporte interestadual, intermunicipal e de comunicação;
- ICMS Ecológico; e
- IPVA – Imposto sobre Propriedade de Veículo Automotor.

Fundos ambientais

A descentralização na gestão ambiental, formulada pelo Sistema Nacional do Meio Ambiente e instituído pela Política Nacional de Meio Ambiente (SISNAMA), Lei Federal nº 6.938/81 e Decreto nº 99.274/90, servem para melhorar a gestão e aproximar as realidades locais e territoriais de suas demandas. No entanto, são necessários de um modo geral, recursos econômicos, humanos e infraestrutura básica para que os municípios tenham condições mínimas de realizar a gestão socioambiental, o que frequentemente não existe, principalmente em micro e pequenos municípios (IPAM, 2017).

Os principais fundos federais ambientais são:

- Fundo Nacional do Meio Ambiente (FNMA)
- Fundo Clima
- Fundo Nacional de Desenvolvimento Florestal (FNDF)

No Espírito Santo os principais fundos relacionados ao meio ambiente são o Fundo Estadual de Meio Ambiente (Fundema) e o Fundo Estadual de Recursos Hídricos e Florestais do Espírito Santo (Fundágua).

O Fundema foi criado pela Lei Complementar 152, de 16 de junho de 1999 como o nome de Fundo de Defesa e Desenvolvimento do Meio Ambiente, e foi reformulado pela Lei Complementar Estadual nº 513/2009, alterando sua denominação para Fundo Estadual do Meio Ambiente, cuja sigla permaneceu Fundema. Sofreu alterações da lei em 2015, 2016, 2019 e 2020.

O Fundágua foi instituído pela Lei nº 8.960, de 18.7.2008 com o nome de Fundo Estadual de Recursos Hídricos do Espírito Santo, tendo sido reformulado por meio da Lei Estadual nº 9.866/2012. Posteriormente sofreu alteração pela Lei Estadual nº 10.557/2016, passando sua denominação para Fundo Estadual de Recursos Hídricos e Florestais do Espírito Santo e permanecendo com a sigla Fundágua. Sofreu alterações da lei em 2015, 2016, 2019 e 2020.

Quanto aos Fundos Municipais de Meio Ambiente, em 2017 foram identificados a sua existência em 2802 municípios brasileiros. Estes dados foram obtidos na Pesquisa de Informações Básicas Municipais (Munic), sendo que no Espírito Santo foram identificados 44 municípios com este fundo.

Todavia, tais instrumentos de captação de recursos financeiros não são conhecidos por alguns agentes municipais, que apontam dificuldades, pela falta de acesso às informações de financiamento, como por exemplo, quais são as fontes existentes, o momento que está disponível para submissão de propostas, suas exigências e onde podem acessar informações sobre elas (ABREU *et al.*, 2015).

Conforme pesquisa realizada pelo IPAM (2015), as principais dificuldades apresentadas pelos agentes municipais e pelos gestores dos fundos ambientais foram:

I – Na óptica dos municípios:

- Ausência de equipe técnica municipal para submissão e execução de projetos;
- Falta de acesso às informações iniciais e respostas de não aprovação;
- Impossibilidade de atender aos pré-requisitos das fontes financiadoras, como contrapartidas financeiras e planos municipais de gestão de resíduos sólidos;
- Inadimplências nas contas municipais;
- Incompatibilidade entre o que é necessário aos municípios e os usos previstos pelas fontes financiadoras;
- Não reconhecimento da importância da área ambiental por parte dos gestores municipais e por outras áreas responsáveis pela captação de recursos;
- Infraestruturas deficitárias de comunicação e transporte.

II – Na óptica dos órgãos gestores dos fundos:

- Falta de quadro técnico municipal preparado para elaborar a proposta e executá-la;
- Baixa qualidade técnica das propostas apresentadas;
- Ausência de capacidade técnica municipal para operar o Sistema de Gestão de Convênios e Contratos de Repasse (SICONV);
- Dificuldade de cumprir as regras do edital e do convênio, dentre elas o modo de realização das contratações.

Portanto, as barreiras existentes dificultam a identificação das fontes desses recursos e de seus caminhos de acesso. Além disso, muitas das fontes não possibilitam o uso dos recursos do projeto para aquisições básicas para melhoria de infraestrutura de recursos humanos, equipamentos, contratação de mão de obra especializada para gerir e executar os projetos contratados e remuneração referente à elaboração dos projetos de captação do recurso.

Segundo Rodrigues (2014), além dos municípios, grande parte das instituições que se propõe a desenvolver projetos ambientais são do terceiro setor — Organizações não governamentais (ONGs), Organizações da Sociedade Civil de Interesse Público (OSCIPs) e instituições sem fins lucrativos em geral, no entanto, estas instituições frequentemente apresentam baixa capacidade de mobilização de capital para o desenvolvimento de projetos.

Processos metodológicos, resultados e discussão

Este estudo caracteriza-se como exploratório quanto aos seus objetivos. Para a realização do estudo foram coletados dados secundários, obtidos por pesquisa bibliográfica e documental e entrevista.

I – Pesquisa bibliográfica — os dados foram obtidos através de livros, artigos, dissertações e teses relacionadas ao tema em questão.

II – Pesquisa documental — Foram analisados os seguintes documentos:

a. Legislações estaduais relacionadas ao Fundos Estaduais, com ênfase no Fundema e no Fundágua;
b. Relatórios anuais do Fundema e Fundágua disponibilizados no site da Secretaria de Estado do Meio Ambiente e Recursos Hídricos do Estado do Espírito Santo (Seama);
c. Relatórios do Programa Pagamento por Serviços Ambientais (PAS)/Reflorestar;
d. Dados do Instituto Brasileiro de Geografia e Estatística (IBGE).

III – Entrevista: Foi realizada entrevista com gestores Fundema e Fundagua para entender a dinâmica de repasse dos recursos dos fundos.

Os resultados deste estudo retratam o cenário do Espírito Santo em relação aos fundos públicos municipais, os fundos estaduais e suas relações com os eixos do DRS — ES com ênfase nas aplicações do Fundema e Fundagua, com vistas a relacionar a possibilidade de aplicação dos seus respectivos recursos nos futuros programas, projetos e ações oriundos dos Planos de Desenvolvimento Regional Sustentável, por eixo temático.

Para a construção das diretrizes do Projeto DRD adotou-se a subdivisão do estudo considerando cinco eixos temáticos (IJSN, 2021):

- Território: infraestrutura, mobilidade, logística, saneamento, habitação e acesso à internet;
- Ambiental: disponibilidade a qualidade de água. Área de preservação, mata nativa e unidades de conservação;
- Social: saúde, educação, segurança e direitos humanos;
- Econômico: turismo, cultura, economia criativa. agricultura, indústria, arranjos produtivos e renda;
- Gestão pública: estrutura institucional e normativa, gestão fiscal atores institucionais públicos e privados com interesse coletivo.

Fundos municipais

No Brasil o número de fundos é extenso. Os fundos municipais estão presentes nas principais áreas de atuação de interesse local, e muitas vezes são pré-requisitos para repasse de recursos de Fundos federais e estaduais. Neste estudo foram levantados dados sobre existência de doze Fundos Públicos Municipais no Estado do Espírito Santo (Quadro 1), registrados nas últimas Pesquisas de Informações Básicas Municipais — MUNIC, nos anos 2017, 2018 e 2019 (IBGE, 2018, 2019, 2020).

Quadro 1 – Resumo sobre a existência dos principais Fundos Públicos Municipais existentes no Estado do Espírito Santo

Fundos Municipais	Quant.	Fonte
Fundo Municipal de Habitação	20	MUNIC 2017 IBGE (2018)
Fundo Municipal de Transporte	5	MUNIC 2017 IBGE (2018)
Fundo Municipal de Meio Ambiente	44	MUNIC 2017 IBGE (2018)
Fundo Municipal de Cultura ou similar	24	MUNIC 2018 IBGE (2019)
Fundo Municipal de Saúde	78	MUNIC 2018 IBGE (2019)
Fundo Municipal de Assistência Social	78	MUNIC 2018 IBGE (2019)
Fundo Municipal de Segurança Pública	10	MUNIC 2019 IBGE (2020)
Direitos Humanos	3	MUNIC 2019 IBGE (2020)
Direitos da Criança e do Adolescente	61	MUNIC 2019 IBGE (2020)
Direitos dos Idosos	15	MUNIC 2019 IBGE (2020)
Direitos da Pessoa com Deficiência	4	MUNIC 2019 IBGE (2020)
Promoção da Igualdade Racial	-	MUNIC 2019 IBGE (2020)

Fonte: Elaborado pela autora.

Observa-se que os Fundos Municipais de Saúde e de Assistência Social estão presentes nos 78 municípios Capixabas.

Na Pesquisa de Informações Básicas Municipais (MUNIC) realizada em 2017 pelo IBGE, foram identificados 2802 municípios com fundo municipal de meio Ambiente.

No Espírito Santo havia 44 municípios (56,4%) com fundo municipal de meio Ambiente em 2017. Considerando os dados do MUNIC 2013 foi verificado um pequeno aumento de 3,8% no período entre 2013 e 2017 (IBGE, 2014, 2018).

Dos 44 municípios do ES com Fundo Municipal de Meio Ambiente, 33 (75%) funcionam tendo como o Conselho gestor do Fundo com o Conselho Municipal de Meio Ambiente, ou similar. Este estudo também aponta que destes 44 municípios, apenas 12 (27,3%) utilizaram recursos do fundo para ações ambientais no ano anterior, 2016. Em todo Brasil o percentual de município que não utilizou o recurso dos seus fundos municipais de meio ambiente foi ainda menor, 254 municípios, o que representa apenas 9,1% dos municípios com fundo. (IBGE, 2018).

Fundos estaduais do Espírito Santo

Os fundos especiais exigem amparo legal a sua constituição, e tem com características, compor-se de receitas especificas (vinculadas), direcionadas a finalidade especifica; podem transportar o saldo ao exercício seguinte, ou seja, o superavit financeiro acumulando recursos que não foram gastos (REIS, 2008). Desta forma os Fundos permitem uma flexibilização da máquina pública, mediante uma gestão descentralizada dos recursos para finalidades preestabelecidas.

Destaca-se, no entanto, que no Espírito Santo, a Lei complementar nº 947, de 27 de março de 2020, alterou a legislação de vários fundos públicos com vistas a autorizar a reversão, ao Tesouro Estadual, do superávit financeiro de recursos vinculados a estes, sendo que os Fundos Públicos criados mais recentemente já trazem este dispositivo nas suas leis de criação. Para tanto, a Lei nº 947/2020 inclui em 25 Leis que regulamentam Fundos Públicos Estaduais do Espírito Santo o seguinte texto padrão:

> Parágrafo único. O superávit financeiro apurado no balanço patrimonial do [Nome do fundo], quando do encerramento de cada exercício financeiro, poderá ser transferido para o exercício seguinte, a crédito do Tesouro Estadual e de forma desvinculada, [...].

No Quadro 2 buscou-se relacionar os fundos com os eixos temáticos do Projeto DRS.

DESENVOLVIMENTO REGIONAL SUSTENTÁVEL

Quadro 2 – Relação dos Fundos Públicos do ES com os eixos do Projeto DRS

Fundos Públicos do Estado do ES	Eixos
FUNSEFAZ – Fundo de Modernização e Desenvolvimento Fazendário	Gestão Pública
FUNCAD – Fundo de Modernização e Incentivo à Cobrança da Dívida Ativa e de Reestruturação Administrativa da Procuradoria Geral do Estado	Gestão Pública
FECC – Fundo Estadual de Combate a Corrupção	Gestão Pública
FUNREPOM – Fundo Especial de Reequipamento da Polícia Militar	Gestão Pública
FSPMES – Fundo de Saúde da Polícia Militar do Espírito Santo	Gestão Pública
FUNREPOCI – Fundo Especial de Reequipa-mento da Polícia Civil	Gestão Pública
FUNPEN – Fundo Penitenciário Estadual	Gestão Pública
FUNREBOM – Fundo Especial de Reequipamento do Corpo de Bombeiros Militar	Gestão Pública
FADESPES – Fundo de Aparelhamento da Defensoria Pública	Gestão Pública / Social
FES – Fundo Estadual de Saúde	Gestão Pública / Social
FRSP – Fundo Rotativo do Sistema Penitenciário	Gestão Pública / Social
FESP – Estadual de Segurança Pública e Defesa Social	Social
Fundo Financeiro	Social
Fundo Previdenciário	Social
FPS – Fundo de proteção social dos militares	Social
FESAD- Fundo Estadual Sobre Drogas	Social
FEPI – Fundo Estadual de Defesa dos Direitos da Pessoa Idosa	Social
FIA – Fundo Para A Infância e a Adolescência	Social

continua...

continuação

Fundos Públicos do Estado do ES	Eixos		
FUNSAF – Fundo Social de Apoio à Agricultura Familiar do Estado do Espírito Santo		Econômico	
FEAP – Fundo Especial de Apoio ao Programa Estadual de Desenvolvimento Rural Sustentável			
FEAS/ES – Fundo Estadual de Assistência Social			
FUNCOP – Fundo Estadual de Combate e Erradicação da Pobreza			
FET/ES – Fundo Estadual do Trabalho do Espírito Santo			
Fundo de Proteção ao Emprego			
FUNTUR – Fundo de Fomento do Turismo			
FUNCULTURA – Fundo de Cultura do Espírito Santo			
FEDC- Fundo Est. de Defesa do Consumidor			
FUNPAES – Fundo Estadual de Apoio à Ampliação e melhoria das Condições da Educação Infantil no Espírito Santo			
FUNDEB – Fundo de Manutenção e Desenvolvimento da Educação Básica e de Valorização dos Profissionais da Educação			
Pró-esporte – Fundo de Incentivo ao Esporte e Lazer do Estado do Espírito Santo			
FUNPDEC/ES – Fundo de Proteção e Defesa Civil do Estado			
FEFIN – Fundo Estadual para o Financiamento de Obras e Infraestrutura Estratégica			Território
FEP – Fundo Especial para Construção, Reforma e Ampliação de Equipamentos Públicos Estaduais			
FEHAB – Fundo Estadual de Habitação de Interesse Social			
FEAC – Fundo Especial de Apoio ao Programa Caminhos do Campo			

continua...

continuação

Fundos Públicos do Estado do ES	Eixos			
FEACME – Fundo de e apoio à conservação e manutenção das estradas do Caminhos do Campo		Econômico		
Fundo Reconstrução Espírito Santo		Econômico		
FUNCITEC – Fundo Estadual de Ciências e Tecnologia		Econômico		
FDI – Fundo de Desenvolvimento das Atividades Produtivas Inovadoras		Econômico		
FUNSES – Fundo soberano do estado do Espírito Santo		Econômico		
FUNDES – Fundo de Desenvolvimento do Espírito Santo		Econômico		
FUNDEMA – Fundo de Defesa e Desenvolvimento do Meio Ambiente	Ambiental	Econômico		
FUNDÁGUA – Fundo Estadual de Recursos Hídricos e Florestais do Espírito Santo	Ambiental			
FEADM – Fundo Estadual de Apoio ao desenvolvimento Municipal (Fundo Cidades)	Ambiental			
FUMDEVIT – Fundo Metropolitano de Desenvolvimento da Grande Vitória	Ambiental			

Fonte: Elaborado pela autora.

Neste estudo foram identificados 45 Fundos Públicos financeiros e/ou contábeis com objetivos diversos, sendo que alguns prestam-se a estruturar a máquina pública estadual, outros destinados ao aprisionamento para pagamento de benefícios, dentre eles o fundo previdenciário. Outros fundos são destinados a execução das políticas públicas estruturados em âmbito federal como Saúde, Educação e Assistência social. Também tem os fundos criados com particularidades na área ambiental, social, cultural, dentre outros.

Foram identificados dois fundos relacionados ao eixo ambiental, dezesseis ao eixo econômico, vinte e três ao eixo de Gestão Pública e sete ao eixo território, sendo que alguns Fundos têm sua linha de aplicação em mais de um eixo. Destaca-se também que dois fundos tem o objetivo de apoiar os municípios em diferentes áreas e, portanto, estão relacionados a todos os eixos como o FEADM – Fundo Estadual de Apoio ao desenvolvimento Municipal (Fundo Cidades) e FUMDEVIT – Fundo Metropolitano de Desenvolvimento da Grande Vitória.

Fundo Estadual de Meio Ambiente – Fundema

O Fundo é administrado pela Secretaria de Estado do Meio Ambiente e Recursos Hídricos – SEAMA, cujos recursos são destinados a dar sustentação à Política Estadual de Meio Ambiente, com objetivos de apoiar planos, programas e projetos de:

I. Educação ambiental;
II. Recuperação ambiental;
III. Preservação das áreas de interesse ecológico;
IV. Outros que estejam em conformidade com a Política Estadual de Meio Ambiente e definidos pelo Conselho Consultivo do Fundo;
V. Aperfeiçoamento de profissionais da área ambiental e correlatas. (Dispositivo incluído pela Lei Complementar nº 820, de 22 de dezembro de 2015).

Dispositivo incluído pela Lei Complementar nº 947, de 27 de março de 2020 autoriza o uso de recursos do Fundema em despesas correntes, com exceção das despesas com pessoal e daquelas em que haja vedação na Constituição Federal, na legislação federal ou em decorrência de convênios, acordos e ajustes, bem como operações de crédito, quando houver.

Quanto aos recursos do fundo o art. 4º prevê que estes serão constituídos de principalmente de: (I) dotações orçamentárias do Estado, da União e dos Municípios; (II) produto das sanções administrativas por infrações às normas decorrentes das Políticas Estaduais de Meio Ambiente; e (III) decorrentes de acordos, convênios, contratos e consórcios com entidades públicas ou privadas, municipais ou estaduais, nacionais ou internacionais; dentre outros.

A Lei Complementar nº 936, de 27 de dezembro de 2019 incluiu dispositivo que permite que o percentual de 40% (quarenta por cento) dos recursos previstos no inciso II é destinado aos órgãos de origem responsáveis pela aplicação das sanções administrativas para aplicação em plano anual de investimento a ser apresentado ao Conselho Gestor do Fundema.

Quanto à aplicação dos recursos, no art. 5º descreve que estes serão aplicados mediante convênios, acordos, contratos, empréstimos ou financiamentos a serem celebrados com:

I. Pessoas jurídicas de direito público da administração direta ou indireta da União, Estados e Municípios;
II. Pessoas físicas e jurídicas de direito privado que desenvolvam ações associadas às do Fundo, sem fins lucrativos;

III. Entidades ambientalistas não-governamentais devidamente cadastradas junto à Secretaria de Estado de Meio Ambiente e Recursos Hídricos – SEAMA;
IV. Outras entidades indicadas pelo Conselho Consultivo do Fundo.

A Lei Complementar nº 947, de 27 de março de 2020, incluiu o dispositivo que permite que os recursos poderão ser aplicados ainda por meio de contratos administrativos regidos pela Lei Federal nº 8.666, de 21 de junho de 1993, e outros instrumentos jurídicos utilizados no âmbito da Administração Pública.

Sendo a prioridade das aplicações dos recursos financeiros do Fundema estabelecida no art. 6º:

I. Unidades de conservação e áreas protegidas;
II. Recuperação de áreas degradadas;
III. Programas de capacitação e educação ambiental;
IV. Proteção e conservação de espécies ameaçadas de extinção;
V. Pesquisa e desenvolvimento tecnológico, voltados exclusivamente para a proteção, conservação e recuperação do meio ambiente;
VI. Preservação e conservação dos recursos naturais renováveis;
VII. Outras definidas pelo Conselho Gestor do Fundema ou produto de deliberação do Conselho Consultivo.

Segundo o Art. 23. Os recursos do Fundo serão alocados segundo dispuser o seu Plano Anual de Alocação, e o Conselho Gestor do Fundo divulgará, anualmente, no site da SEAMA/IEMA, o Relatório Anual de Desempenho, após submetê-lo ao Conselho Consultivo.

A Lei Complementar nº 947, de 27 de março de 2020 no seu Art. 26 permite que o superávit financeiro apurado no balanço patrimonial do Fundema, quando do encerramento de cada exercício financeiro, poderá ser transferido para o exercício seguinte, a crédito do Tesouro Estadual e de forma desvinculada, exceto quando se tratar de recursos vinculados pela Constituição Federal, pela legislação federal ou decorrentes de convênios, acordos e ajustes, bem como operações de crédito, quando houver.

No que tange à gestão e estrutura administrativa, o Fundema, conta com uma Secretaria Executiva, um Conselho Consultivo — CC e um Conselho Gestor — CG; ambos os Conselhos apresentam composição tripartite e paritária, sendo o Conselho Consultivo representado pelo Consema e o Conselho Gestor por seis membros indicados pelo Consema, sendo dois membros de cada um dos seguintes seguimentos: Poder Público, Organização da Sociedade Civil e Setor Empreendedor (Figura 1).

Figura 1 – Organograma da estrutura organizacional básica do Fundema

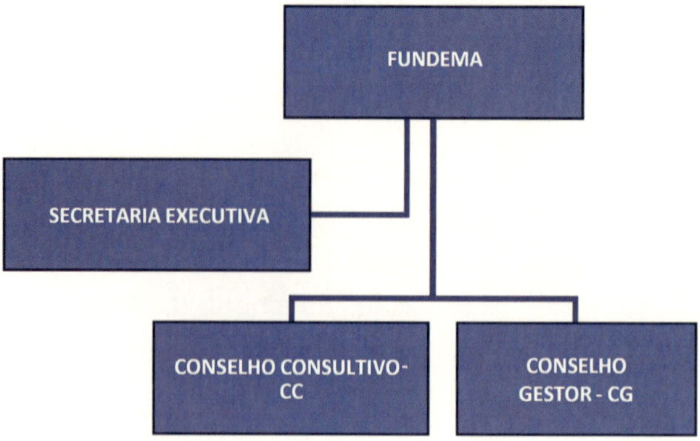

```
                    FUNDEMA
                       |
        +--------------+--------------+
        |              |              |
SECRETARIA EXECUTIVA   |              |
                       |              |
            CONSELHO CONSULTIVO-   CONSELHO
                   CC             GESTOR - CG
```

Fonte: Adaptado do Relatório do Fundema (2018).

Síntese dos relatórios do Fundema

Após a análise dos relatórios sobre o Fundema é apresentada na Tabela 1 uma síntese contento informações sobre os projetos apoiados com os recursos do Fundo de 2012 a 2018. O relatório referente a 2018 foi disponibilizado pela secretaria executiva do Fundema, pois ainda não estava publicado no site da Seama. Ressaltasse que até o final da elaboração deste estudo, o relatório referente ao ano de 2019 não havia sido aprovado pelo Consema, e, portanto, não pode ser disponibilizado.

Tabela 1 – Recursos do Fundema (2012–2018)

Ano	Receita (R$)	Despesas (Repasse) (R$)
2012	698.770,08	0,00
2013	315.678,29	7.956,48
2014*	-	-
2015	512.255,77	149.020,00
2016	344.200,68	156.019,00
2017	533.992,31	7.575,30
2018	1.363.406,58	617.393,00
Total*	3.768.303,71	937.963,78

Nota: *Os relatórios não apresentam os dados de 2014.
Fonte: Relatórios do Fundema 2012–2018.

Ainda em relação a recursos vinculados ao Fundema, ressalta-se a existência de R$ 7.436,42 referente a depósitos judiciais (final de 2018). A Tabela 2 apresenta as fontes de recursos do Fundema.

Tabela 2 – Receitas do Fundema (2012–2018)

Ano	Multas (R$)	Rendimento de aplicação financeira (R$)	Total (R$)
2012	646.739,16	52.030,92	698.770,08
2013	233.433,21	82.245,08	315.678,29
2014*	-	-	-
2015	284.408,40	227.847,37	512.255,77
2016	76.518,16	267.682,52	344.200,68
2017	309.119,11	224.873,20	533.992,31
2018	1.190.538,75	172.867,83	1.363.406,58

Nota*: Os relatórios não apresentam os dados de 2014
Fonte: Relatórios do Fundema 2012–2018.

Fundo Estadual de Recursos Hídricos e Florestais do Espírito Santo — Fundágua

O Fundágua é administrado pela Secretaria de Estado do Meio Ambiente e Recursos Hídricos (SEAMA) e objetiva dar suporte financeiro à implementação da Política Estadual de Recursos Hídricos e às ações nela previstas; à implementação de ações, programas e projetos voltados à segurança hídrica; à manutenção, recuperação e ampliação da cobertura florestal; e ao aperfeiçoamento de profissionais da área ambiental e correlatas.

Os recursos do Fundágua são vinculados a quatro subcontas:

- Subconta Recursos Hídricos (SRH);
- Subconta Cobertura Florestal (SCF);
- Subconta Residentes Ambientais (SRA);
- Subconta Política Estadual de Governança e Segurança de Barragens (PEGSB).

Cada Subconta possui um Conselho Gestor, de caráter consultivo e deliberativo, independentes entre si.

Quanto à aplicação dos recursos o Art. 9º da Lei nº nº 10.557/2016 prevê que as aplicações dos recursos do Fundágua deverão estar em conformidade com o Plano Anual de Aplicação do Fundo, aprovado no âmbito de cada subconta.

Antes de 2012 a constituirão recursos do Fundágua eram aplicados em conta única, sendo a principal fonte os recursos provenientes da compensação financeira dos "royalties" do petróleo e do gás natural, contabilizados pelo Estado do Espírito Santo, sendo: a) 1% em 2008; b) 2% em 2009; e c) 3% de 2010 em diante;

Portanto, a partir de 2012 os recursos passaram a ser distribuídos nas subcontas, as quais têm dinâmicas próprias de funcionamento conforme descrito a seguir:

I – Subconta Recursos Hídricos (SRH)

A SRH tem o objetivo de dar o suporte financeiro às ações e aos programas e projetos voltados à segurança hídrica e à implementação da Política Estadual de Recursos Hídricos (PERH) e das ações nela previstas, inclusive ao Plano Estadual de Recursos Hídricos e, de modo complementar, aos Planos de Bacia ou de Região Hidrográfica.

Os principais recursos da SRH provêm de 0,5% do produto da arrecadação proveniente da compensação financeira dos "royalties" do petróleo e do gás natural, contabilizados pelo Estado. Entretanto este dispositivo foi revogado pela Lei Complementar nº 947, de 27 de março de 2020.

Outras fontes também são previstas, podendo se destacar: a) fontes de recursos são referentes a resultados de aplicações de multas cobradas dos infratores da legislação de uso dos recursos hídricos; b) cota parte integral da compensação financeira de recursos hídricos recebidos pelo Estado; c) recursos provenientes de doações internacionais de organizações multilaterais, bilaterais ou de entidades de governos subnacionais com fins de financiamento de projetos voltados às questões de recursos hídricos; d) produto da cobrança pelo uso dos recursos hídricos; dentre outros.

Quanto à aplicação dos recursos da SRH o art. 6º prevê que será destinada ao apoio e fomento de ações, programas e projetos que contribuam para o aumento da segurança hídrica e para a implementação da Política Estadual de Recursos Hídricos, , especialmente aquelas que: (I) visem fomentar, criar e fortalecer os comitês de bacias hidrográficas; (II)- resultem estudos, serviços e obras com vistas ao aumento da segurança hídrica e/ou à conservação, preservação, uso racional, promoção dos usos múltiplos, controle e proteção dos recursos hídricos, superficiais e subterrâneos incluídos no Plano Estadual de Recursos Hídricos; (III) proporcionem a implantação de rede de monitoramento hidrológico dos corpos de água; (IV) concorram para fomentar estudos e pesquisas, desenvolvimento tecnológico e capacitação de recursos humanos de interesse do gerenciamento de recursos hídricos; dentre outros.

II – Subconta Cobertura Florestal (SCF)

A SCF com o objetivo de dar o suporte financeiro à manutenção, à recuperação e à ampliação da cobertura florestal no âmbito do Estado.

Os principais recursos da SRH provêm de 2,5% do produto da arrecadação proveniente da compensação financeira dos "royalties" do petróleo e do gás natural, contabilizados pelo Estado. Entretanto este dispositivo foi revogado pela Lei Complementar nº 947, de 27 de março de 2020.

Outras fontes também são previstas, podendo se destacar: a) recursos consignados nos orçamentos públicos municipal, estadual e federal, por disposição legal ou orçamentária; b) doações internacionais de organizações multilaterais, bilaterais, ou de entidades de governos subnacionais com fins de financiamento de projetos para cobertura florestal; c) receitas decorrentes de fixação de medidas de compensação ecológica determinada pelo órgão licenciador competente, que visem à recuperação de vegetação nativa da Mata Atlântica; dentre outras.

A aplicação de recursos da SCF será destinada ao apoio e fomento de ações, programas e projetos que contribuam para a manutenção, a recuperação e a ampliação da cobertura florestal, especialmente os que instituam o pagamento por serviços ambientais aos proprietários rurais e/ou outros facilitadores na promoção de serviços ambientais, visando à ampliação, conservação e/ou preservação da cobertura florestal ambiental e manejo adequado do solo em áreas de relevante interesse para proteção dos recursos hídricos.

Destaca-se que no Art. 8º há a previsão de que no mínimo 80% dos recursos provenientes da compensação financeira dos "royalties" do petróleo e do gás natural serão aplicados em pagamento por serviços ambientais.

Os recursos da SCF também poderão ser destinados ao apoio e fomento de ações, programas e projetos que: a) instituam o pagamento de serviços ambientais aos proprietários rurais e/ou outros facilitadores na promoção de serviços ambientais, visando à ampliação, conservação e/ou preservação da cobertura florestal ambiental e manejo adequado do solo em áreas de relevante interesse para biodiversidade e que contribuam para a captura e mobilização dos gases do efeito estufa; b) instituam o financiamento, por intermédio do Agente Financeiro do Fundo, para ampliação da cobertura florestal e manejo adequado do solo; c) resultem em estudos, serviços, contratações em geral e obras com vistas à conservação, fiscalização, controle, uso racional, proteção, recuperação e promoção dos usos múltiplos dos recursos florestais, dos solos e dos recursos hídricos; dentre outros.

III – Subconta Residentes Ambientais (SRA)

A SRA tem o objetivo de promover a captação e a aplicação de recursos, de modo a dar suporte financeiro e propiciar o aperfeiçoamento de profissionais da área ambiental e correlatas.

Os principais recursos da SRH provêm de a) recursos consignados nos orçamentos públicos municipal, estadual e federal, por disposição legal ou orçamentária, e b) os provenientes de auxílios, doações, empréstimos, legados, subvenções, transferências, condicionantes ambientais ou contribuições, onerosas ou não onerosas, financeiras ou não, de pessoas físicas ou jurídicas, públicas ou privadas, nacionais ou internacionais, assim como quaisquer outros repasses ao Fundo; dentre outros.

A aplicação de recursos da subconta Residentes Ambientais será destinada ao custeio das despesas decorrentes da concessão das bolsas de Residência Ambiental e do pagamento dos Tutores Ambientais.

Os recursos do Fundo serão aplicados mediante a formalização de instrumentos, a serem celebrados com: (I) pessoas jurídicas de direito público, da administração direta e indireta da União, dos Estados e dos Municípios; (II) concessionárias de serviços públicos, nos campos de saneamento, meio ambiente e de aproveitamento múltiplo de recursos hídricos; (III) pessoas jurídicas de direito privado e pessoas físicas, servidores públicos ou não, no desenvolvimento de atividades e/ou ações afins ao objetivo deste Fundo; (IV) instituições públicas e privadas de ensino, pesquisa e extensão; (V) consórcios municipais regularmente constituídos; (VI) agências de bacias ou entidades delegatárias.

IV – Subconta Política Estadual de Governança e Segurança de Barragens (PEGSB)

Esta subconta tem o objetivo de dar o suporte financeiro para implementação dos instrumentos da PEGSB, propiciar o aperfeiçoamento de profissionais da área de recursos hídricos e correlatas, modernizar e reestruturar a Agência Estadual de Recursos Hídricos (AGERH).

Os recursos desta subconta são constituídos por: a) as dotações orçamentárias do Estado, da União e dos Municípios; b) o produto das sanções administrativas por infrações às normas decorrentes da PEGSB; e c) os decorrentes de acordos, convênios, contratos e consórcios com entidades públicas ou privadas, municipais ou estaduais, nacionais ou internacionais.

No que tange à gestão e estrutura administrativa do Fundágua, destaca-se que a Lei 10.557/2016 excluiu a figura dos Conselhos Consultivos. Assim, o Fundágua conta com uma Secretaria Executiva e três Conselhos Gestores — CG, sendo um para cada uma de suas subcontas: SRH, SCF e SRA (Figura 2); todos os Conselhos mantiveram a representação tripartite, contudo sua composição deixou de ser paritária.

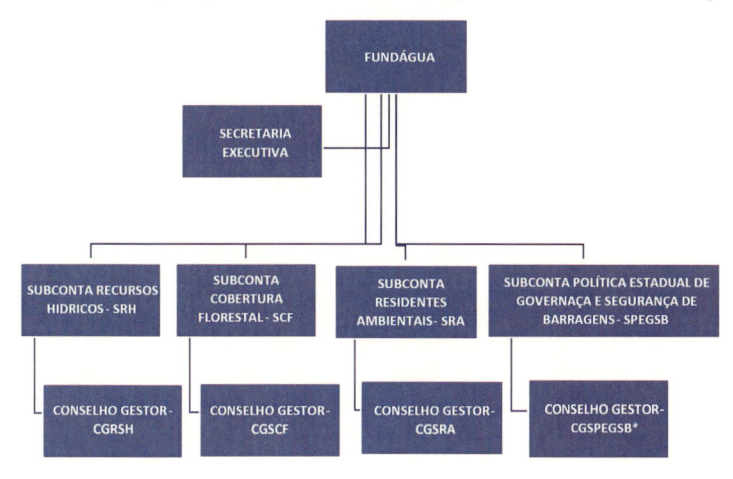

Figura 2 – Organograma da estrutura organizacional do Fundágua

```
                          FUNDÁGUA
                             │
                    SECRETARIA
                    EXECUTIVA
                             │
  ┌──────────────┬───────────┼──────────────┬──────────────────────┐
SUBCONTA       SUBCONTA    SUBCONTA       SUBCONTA POLÍTICA ESTADUAL DE
RECURSOS       COBERTURA   RESIDENTES     GOVERNAÇA E SEGURANÇA DE
HIDRICOS-SRH   FLORESTAL-  AMBIENTAIS-SRA BARRAGENS- SPEGSB
               SCF
   │              │            │                  │
CONSELHO       CONSELHO     CONSELHO           CONSELHO
GESTOR-        GESTOR-      GESTOR-            GESTOR-
CGRSH          CGSCF        CGSRA              CGSPEGSB*
```

Fonte: Adaptado do Relatório do Fundágua (2019).

Síntese dos Relatórios do Fundágua

Após a análise dos relatórios sobre o Fundágua são apresentadas as Tabelas 3 e 4 contendo uma síntese contento informações sobre os projetos apoiados com os recursos do Fundo nas Subcontas RH e CF, respectivamente. O relatório referente a 2018 e 2019 foi disponibilizado pela secretaria executiva do Fundágua, pois ainda não estava publicado no site da Seama.

Tabela 3 – Recursos do Fundágua – SRH (2012–2019)

Ano	Valor inicial (R$)	Valor Final (R$)
2012	11.265.886,89	13.136.473,79
2013	13.136.473,79	18.637.295,73
2014	20.611.693,93	*
2015	*	*
2016	34.660.495,04	14.642.811,81**
2017	14.642.811,81	15.982.318,33
2018	15.982.318,33	17.338.769,28
2019	17.338.769,28	21.231.255,30

Notas:
*Os relatórios não apresentam os dados de 2014 e 2015.
**Reversão de recursos do Fundágua– SRH para o tesouro Estadual ocorrida em 2016 no valor de R$27.715.001,67, o que representava 80% dos recursos do Fundo à época.
Fonte: Relatórios do Fundema 2012–2019.

Tabela 4 – Recursos do Fundágua – SCF (2012–2017)

Ano	Valor inicial (R$)	Valor Final (R$)
2012	16.637.222,69	20.611.693,93
2013	*	*
2014	*	*
2015	*	*
2016	63.343.671,74	16.714.190,22**
2017	35.545.994,62	48.799.028,35
2018	48.799.028,35	42.447.286,22
2019	42.447.286,22	59.288.355,20[a]

Notas:
*Os relatórios não apresentam os dados de 2013 a 2015.
** Reversão de recursos do Fundágua – SCF para o tesouro Estadual ocorrida em 2016 no valor de R$37.179.276,95, o que representava 58,7%) dos recursos do Fundo à época.
Fonte: Relatórios do Fundágua (2012 -2019).

Projeto Reflorestar — Pagamentos por serviços ambientais — PAS

O maior aporte de recursos do Fundágua é no Programa Reflorestar com o Pagamento por serviços ambientais — PSA. Isto porque há previsão legal de que mínimo 80% dos recursos provenientes da compensação financeira dos "royalties" do petróleo e do gás natural serão aplicados em pagamento por serviços ambientais.

O Programa Reflorestar é uma iniciativa do estado do Espírito Santo que tem como objetivo promover a restauração do ciclo hidrológico por meio da conservação e recuperação da cobertura florestal, com geração de oportunidades e renda para o produtor rural, estimulando a adoção de manejo sustentável dos solos.

O Programa Reflorestar adota dois modelos de restauração, objetivando a ampliação da cobertura florestal, com cada um deles contando com estratégias próprias de ação: a) Restauração Ativa a qual viabiliza a recuperação da floresta por meio de ações de plantio de espécies florestais e/ou da condução da regeneração e b) Restauração Passiva a qual é baseada na regeneração natural da floresta, a partir do uso de práticas de fiscalização e monitoramento, isolamento do fator degradador, fornecimento de incentivos para manutenção, dentre outros.

Como estratégias de ação para a restauração ativa tem-se o Pagamento por Serviços Ambientais — PSA. ES foi o primeiro Estado da Federação a criar lei específica instituindo um Programa Estadual de Pagamento por Serviços Ambientais. De acordo com o entendimento da Lei Estadual 9.864/2012, ações que tivessem como resultado a geração dos serviços ambientais desejados, com destaque para aqueles relacionados à "produção" de água, poderiam ser beneficiadas com o PSA (SEAMA, 2020).

O Quadro 3 mostra os números médios relacionados ao desempenho do Programa Reflorestas com o Pagamento por Serviços Ambientais — PSA entre os anos de 2015 e 2019.

Quadro 3 – Valores médios do Programa Reflorestar com o Pagamento por Serviços Ambientais (2015–2019)

Indicador	Valores
Área média restaurada por propriedade rural atendida	2,57 hectares
Valor total contratado por meio dos contratos de PSA:	R$ 73.386.539,48*
Valor executado até o momento:	R$ 52.107.789,28
Investimento médio aproximado por propriedade rural:	R$ 19.337,69*
Investimento médio por hectare em recuperação apoiado:	R$ 7.504,73*

Fonte: Seama (2020a).

As informações contidas na Tabela 5 mostram o número de contratos de pagamento por serviços ambientais, celebrados entre o produtor rural e o Governo do Estado do Espírito Santo, por intermédio do Bandes nos municípios do Arranjo 2. Cada contrato de PSA celebrado significa uma propriedade rural em atendimento e, consequentemente, uma quantidade específica de área (em hectares) que foi destinada pelo produtor rural para recuperação.

Tabela 5 – Resumo do investimento via Programa de Pagamento por Serviços Ambientais (PSA) por microrregião do ES (2019–2020)

Microrregião	Total: 2019–2020	
	R$	%
1 – Metropolitana (Vitória, Vila Velha, Serra, Fundão, Cariacica, Viana e Guarapari)	176.347,75	1,08
2 – Central Serrana (Itaguaçu, Itarana, Santa Teresa, Santa Maria de Jetibá e Santa Leopoldina)	940.186,42	5,76
3 – Sudoeste Serrana (Laranja da Terra, Afonso Cláudio, Brejetuba, Conceição do Castelo, Venda Nova do Imigrante, Domingos Martins e Marechal Floriano)	1.936.822,50	11,86
4 – Litoral Sul (Alfredo Chaves, Anchieta, Iconha, Piúma, Rio Novo do Sul, Itapemirim, Marataízes e Presidente Kennedy)	231.755,01	1,42
5 – Central Sul (Castelo, Vargem Alta, Cachoeiro de Itapemirim, Jerônimo Monteiro, Muqui, Atílio vivacqua, Mimoso do Sul e Apiacá)	850.814,39	5,21

continua...

continuação

Microrregião	Total: 2019–2020	
	R$	%
6 – Caparaó (Ibatiba, Muniz Freire, Iuna, Irupi, Ibitirama, Divino São Lourenço, Dores do Rio Preto, Guaçuí, Alegre, São José do Calçado e Bom Jesus do Norte)	9.831.028,47	60,20
7 – Rio Doce (Sooretama, Rio Bananal, Linhares, João Neiva, Ibiraçu e Aracruz)	237.027,17	1,45
8 – Centro Oeste (Alto Rio Novo, Pancas, São Domingos do Norte, São Gabriel da Palha, Vila Valério, Governador Lindenberg, Colatina, Marilândia, Baixo Guandu e São Roque do Canaã)	833.707,23	5,11
9 – Nordeste (Mucurici, Ponto Belo, Montanha, Pedro Canário, Pinheiros, Boa Esperança, Conceição da Barra, São Mateus e Jaguaré)	800.475,43	4,90
10 – Noroeste (Ecoporanga, Água Doce do Norte, Barra de São Francisco, Vila Pavão, Nova Venécia, Águia Branca e Mantenópolis)	492.418,13	3,02
Total ES	16.330.582,50	100,00

Fonte: Seama (2020b).

Ao analisar a distribuições de recursos tem-se o destaque para a região do Caparaó com 60,20% dos recursos, com destaque para os municípios de Muniz Freire com 15,93% dos Projetos, seguido Domingos Martins e Guaçuí. Em relação à área de mata em vias de ser reconhecida com PSA destaque para Domingos Martins (17,02%), Afonso Cláudio e Muniz Freie. Quanta às áreas já em recuperação com apoio (PAS) do Reflorestar tem-se novamente Muniz Freire (15,85%), seguido de Afonso Cláudio e Domingos Martins.

Considerações finais

A partir desta análise foram propostas algumas diretrizes que possam alinhar a aplicação dos recursos dos fundos com as diretrizes do Plano de desenvolvimento regional Sustentável.

Ao analisar as leis de criação dos fundos, constata-se que o termo desenvolvimento sustentável e/ou regional está pouco ou não está presente, o FUMDEVIT — Fundo Metropolitano de Desenvolvimento da Grande Vitória é o único relacionado a suporte financeiro ao planejamento integrado e às ações conjuntas de interesse comum entre o Estado e os Municípios integrantes de uma região. Por outro lado, o FEADM — Fundo Estadual de Apoio ao Desenvolvimento Municipal, conhecido como FUNDO CIDADES, visa apoiar investimentos municipais em diversas áreas, mas não relaciona as ações municipais em um contexto regional.

Neste contexto, considera-se importante que se tenha como diretriz, o fomento a elaboração de planos de captação e aplicação dos recursos dos fundos públicos estaduais e municipais para que tenham como premissa o apoio a programas, projetos e ações que estejam em consonância com as diretrizes dos Planos de desenvolvimento regional sustentável.

Uma constatação ao se elaborar este levantamento refere-se a dificuldades de acesso às informações quando a aplicação dos seus recursos, principalmente aqueles cuja forma de captação pelo público-alvo são os municípios e pessoas físicas e jurídicas. Ao se verificar o Quadro 3, de aplicação dos recursos, verifica-se que estes são os principais fundos com baixa relação entre valor orçado e empenhado. Com é o caso do o FUNDEMA — Fundo Estadual do Meio Ambiente, FEPI — Fundo Estadual de Defesa dos Direitos Da Pessoa Idosa e FIA — Fundo para a Infância e a Adolescência FUNCOP — Fundo Estadual de Combate e Erradicação da Pobreza.

Corroborando com a questão da pouca aplicação dos fundos, esta realidade também tende a se aplicar aos fundos municipais, segundo mostra Pesquisa de Informações Básicas Municipais (MUNIC) realizada em 2017 pelo IBGE. Neste estudo foram identificados 2802 municípios com fundo municipal de meio Ambiente no Brasil. Destes apenas 254 municípios utilizarem os recursos do seu respectivo fundo municipal de meio ambiente no ano anterior (2016), o que representa apenas 9,1% dos municípios com fundo. (IBGE, 2018).

Por esta pesquisa, no Espírito Santo havia 44 municípios (56,4%) com fundo municipal de meio Ambiente em 2017, o que considerando os dados do MUNIC 2013 foi verificado um pequeno aumento de 3,8% no período entre 2013 e 2017 (IBGE, 2013, 2018). Destes 44 municípios apenas 12 (27,3%) utilizaram recursos do fundo para ações ambientais no ano anterior, 2016. (IBGE, 2018).

Por outro lado, tem-se como exemplo positivo o FUNCITEC — Fundo Estadual de Ciência E Tecnologia com alta relação entre valores orçados e aplicados, ultrapassando em 2018 e 2018 a taxa de 100%, provavelmente de correntes de aporte suplementar de recursos. Este fundo é vinculado a Fundação de Amparo à Pesquisa e Inovação do Espírito Santo — FAPES, cujos editais que visam o apoio financeiro a programas e projetos de interesse para o desenvolvimento científico e tecnológico do Estado do Espírito Santo são amplamente divulgados.

Diante estes fatos e visando possibilitar a ampliação do acesso aos recursos dos Fundos Públicos que foram criados no âmbito estadual visando fortalecer determinadas áreas específicas e de interesse da comunidade Capixaba, principalmente aos que são destinados a repasses aos municípios, e ou pessoas físicas e jurídicas sugere-se como diretriz a criação de mecanismos de acesso à informação e de divulgação sobre os fundos públicos estaduais e municipais, e a aplicação dos seus recursos, os quais tenham por finalidade o apoio a projetos que possam impulsionar desenvolvimento regional sustentável.

Agradecimentos

Agradecimentos Instituto Jones dos Santos Neves, a Fundação de Amparo à Pesquisa e Inovação do Espírito Santo (FAPES), pelo financiamento da pesquisa.

REFERÊNCIAS

ABREU, K. D.; BURGOS, F; CRISOSTOMO, A. C.; AZEVEDO, A. **Amazônia em pauta – nº 5**: financiamentos não reembolsáveis para a gestão ambiental municipal e seus desafios. Brasília: Ipam, 2015.

BASSI, C. de M. Fundos especiais e políticas públicas: uma discussão sobre a fragilização do mecanismo de financiamento. *In*: INSTITUTO DE PESQUISA ECONÔMICA APLICADA. **Texto para discussão**. Brasília: Rio de Janeiro: Ipea, 2019. Disponível em: https://www.ipea.gov.br/portal/images/stories/PDFs/TDs/td_2458.pdf. Acesso em: 18 abr. 2021.

ESPÍRITO SANTO. Secretaria Estadual de Meio Ambiente e Recursos Hídricos. **Programa Reflorestar**: o que é o Reflorestar? Vitória: Secretaria Estadual de Meio Ambiente, 2020a. Disponível em: https://seama.es.gov.br/o_que_e_reflorestar. Acesso em: 15 out. 2020.

ESPÍRITO SANTO. Secretaria Estadual de Meio Ambiente e Recursos Hídricos. **Programa Reflorestar**: Resultados do Programa Reflorestar. Vitória: Secretaria Estadual de Meio Ambiente, 2020b. Disponível em: https://seama.es.gov.br/resultados_programa. Acesso em 15 out. 2020.

INSTITUTO BRASILEIRO DE GEOGRAFIA E ESTATÍSTICA. **Pesquisa de Informações Básicas Municipais**: MUNIC 2013. [*S. l.*]: Instituto Brasileiro de Geografia e Estatística, 2014. Disponível em: https https://www.ibge.gov.br/estatisticas/sociais/saude/10586-pesquisa-de-informacoes-basicas-municipais.html?edicao=21632&t=downloads. Acesso em: 8 nov. 2020.

INSTITUTO BRASILEIRO DE GEOGRAFIA E ESTATÍSTICA. **Pesquisa de Informações Básicas Municipais**: MUNIC 2017. [*S. l.*]: Instituto Brasileiro de Geografia e Estatística, 2018. Disponível em: https://www.ibge.gov.br/estatisticas/sociais/saude/10586-pesquisa-de-informacoes-basicas-municipais.html?edicao=21632&t=downloads. Acesso em: 8 nov. 2020.

INSTITUTO BRASILEIRO DE GEOGRAFIA E ESTATÍSTICA. **Pesquisa de Informações Básicas Municipais**: MUNIC 2018. [*S. l.*]: Instituto Brasileiro de Geografia e Estatística, 2019. Disponível em: https https://www.ibge.gov.br/estatisticas/sociais/saude/10586-pesquisa-de-informacoes-basicas-municipais.html?edicao=21632&t=downloads. Acesso em: 15 abr. 2021.

INSTITUTO BRASILEIRO DE GEOGRAFIA E ESTATÍSTICA. **Pesquisa de Informações Básicas Municipais**: MUNIC 2019. [*S. l.*]: Instituto Brasileiro de Geografia e Estatística, 2020. Disponível em: https://www.ibge.gov.br/estatisticas/sociais/saude/10586-pesquisa-de-informacoes-basicas-municipais.html?edicao=21632&t=downloads. Acesso em: 15 abr. 2021.

INSTITUTO DE PESQUISAS AMBIENTAIS DA AMAZÔNIA. **Fortalecendo a gestão ambiental municipal**: mecanismos financeiros e visibilização de boas práticas. [*S. l.*]: Instituto de Pesquisas Ambientais da Amazônia, 2015.

REIS, H. da C. Fundos especiais: nova forma de gestão de recursos públicos. **Revista de Administração Municipal**, v. 38, n. 201, p. 51-59, out./dez. 1991. Disponível em: http://lam.ibam.org.br/revista_detalhe.asp?idr=13. Acesso em: 18 abr. 2021.

RODRIGUES, J. M. M. **Análise da disponibilização de recursos de financiamento não reembolsáveis para projetos ambientais no Brasil**. 2014. Projeto de Graduação (Engenharia Ambiental) – Escola Politécnica, Universidade Federal do Rio de Janeiro, Rio de Janeiro, 2014.

SANTOS, L. B dos (org.). **Desenvolvimento Regional Sustentável (DRS)**: Diretrizes do plano de ação – Microrregião Caparaó. [*S. l.*]: IJSN, 2021. Disponível em: http://www.ijsn.es.gov.br/component/attachments/download/7549. Acesso em: 6 set. 2021.

SANTOS, L. B. dos (org.). **Relatório final do Projeto Desenvolvimento Regional Sustentável**. Vitória, ES: [*s. n.*], 2021. [mimeo].

SILVA, S.; SARMENTO, H. B. Fundos Especiais: uma ferramenta importante para a Municipalização das políticas setoriais. *In*: CONGRESSO DE CONTROLADORIA E CONTABILIDADE, 6., 2006, São Paulo. **Anais eletrônicos** [...]. São Paulo: USP, 2006. Disponível em: https://www3.tce.pr.gov.br/contasdogoverno/2009/regime_especial/estudo_sobre_fundos_especiais.pdf. Acesso em: 18 abr. 2021.

CAPÍTULO 6

IMPORTÂNCIA DAS INFRAESTRUTURAS LOGÍSTICAS PARA O DESENVOLVIMENTO REGIONAL SUSTENTÁVEL

Robson Malacarne[29]
Camilla Queiroz Machado Pimentel[30]
João Vitor Coutinho Dias[31]
Luis Guilherme Velten Silva[32]

Introdução

O presente trabalho busca estudar e apresentar a importância da logística para o desenvolvimento sustentável com foco na região do Caparaó, microrregião que está localizada no Sul do Espírito Santo, e seus modelos de desenvolvimento sustentável da infraestrutura logística.

Nosso objetivo consiste em estudar as potencialidades logísticas da Região do Caparaó, que subsidiarão a compreensão da importância do desenvolvimento regional sustentável para as operações logísticas. Flores (2015) diz que a capacidade de desenvolvimento de uma região é proporcional à sua eficiência para operar suas inter-relações, bem como as relações com outras regiões. Fatores de infraestrutura para transportar serviços, informações e mercadorias são o alicerce deste desenvolvimento.

A hipótese da crescente importância ao Desenvolvimento Regional Sustentável (DRE) nas operações logísticas será um dos mais importantes tópicos a ser abordado. Um fator primordial para o desenvolvimento de um país é a infraestrutura de transportes, não só no Brasil, mas em todo o mundo. Quanto mais a infraestrutura de transportes se adequa às características de uma região, mais barata e estruturada e desenvolvida se torna a logística de transporte (NASCIMENTO; SILVA, 2012).

O levantamento de dados é imprescindível para o sucesso do presente trabalho, estes serão coletados através de pesquisas ao DER da região do

---

29   E-mail: robson.malacarne@ifes.edu.br.
30   E-mail: camillaqueirozma@gmail.com.
31   E-mail: vitor-dias10@hotmail.com.
32   E-mail: gui.velten1@gmail.com.

Caparaó, entrevista em profundidade com empresários e moradores, além do estudo do Plano de Desenvolvimento do Espírito Santo 2030.

Desse modo, buscamos responder a seguinte questão: Qual a importância das infraestruturas logísticas para o desenvolvimento regional sustentável?

Metodologia para produção de dados e análises

A pesquisa para Gil (2007, p. 17) é definida como "[...] procedimento racional e sistemático que tem como objetivo proporcionar respostas aos problemas que são propostos.". Portanto, pesquisar é buscar por alternativas para resolução de problemas.

Para tal, aplicamos uma metodologia científica que segundo Fonseca (2002, p. 11) envolve organização e estudo, sendo que "*methodos* significa organização, e *logos*, estudo sistemático, pesquisa, investigação;". Assim dizendo, a metodologia de pesquisa seria o procedimento a ser seguido na investigação do problema de pesquisa.

Objetivamos que ao final deste trabalho você tenha adquirido o conhecimento que segundo Fonseca (2002, p. 11) é "[...] um esforço para resolver contradições, entre as representações do objeto e a realidade do mesmo [...]", e para chegarmos à tal ponto usaremos inicialmente uma abordagem investigativa, a partir do conhecimento científico que é "o saber produzido através do raciocínio lógico associado à experimentação prática" (FONSECA, 2002, p. 11).

Neste presente artigo, será explanado uma abordagem sob um problema de pesquisa cuja perquirição será realizada com base nos conhecimentos científicos e conduzindo o diagnóstico a partir da metodologia científica da Pesquisa Qualitativa, pois iremos utilizar e analisar dados estatísticos para um melhor entendimento sobre a importância das infraestruturas logísticas para o desenvolvimento regional sustentável voltado para a microrregião do Caparaó.

Para Minayo (2001), a pesquisa qualitativa trabalha com o universo de significados, motivos, aspirações, crenças, valores e atitudes, o que corresponde a um espaço mais profundo das relações, dos processos e dos fenômenos que não podem ser reduzidos à operacionalização de variáveis. Aplicada inicialmente em estudos de Antropologia e Sociologia, como contraponto à pesquisa quantitativa dominante, tem alargado seu campo de atuação a áreas como a Psicologia e a Educação. A pesquisa qualitativa é criticada por seu empirismo, pela subjetividade e pelo envolvimento emocional do pesquisador (MINAYO, 2001, p. 14).

Desse modo, para sustentar a pesquisa qualitativa descritiva, faremos uso de dados disponíveis na Pesquisa DER da região do Caparaó, consultas ao Plano de Desenvolvimento do Espírito Santo 2030, além de entrevistas com empresários da região e também de Câmara temática realizada em 2020. Foram também levantados dados da Região durante o projeto de Iniciação

Científica, que contou com 72 questionários aplicados. Assim, espera-se que ao fim da leitura possamos compreender como as Infraestruturas Logísticas contribuem para o Desenvolvimento Regional Sustentável da Região.

Gargalos no Estado do Espírito Santo

Para o país se tornar mais competitivo frente ao mercado internacional existe um grande desafio que é adequar a logística dos demais setores, principalmente a do agronegócio, a padrões de liderança mundial. O desenvolvimento do Espírito Santo tem se esbarrado em um gargalo chamado infraestrutura logística. O sistema logístico do estado apresenta diversas dificuldades, nas quais são destacadas e conhecidas pelos profissionais do determinado setor da logística capixaba.

De acordo com o Plano Estratégico de Logística e de Transporte do Espírito Santo elaborado pelo Departamento de Estradas e Rodagens — DER-ES, o aperfeiçoamento da infraestrutura logística para a captação de cargas e distribuição competitiva da produção capixaba para as demais regiões do país, pode levar a uma mudança de paradigma capaz de aprofundar a industrialização da economia, com grande agregação de valor à economia do Estado.

Em 2013 o Governo do Estado do Espírito Santo desenvolveu ações voltadas para a Integração Logística por meio do Programa de Desenvolvimento Sustentável do Espírito Santo (PROEDES). O propósito do programa era criar no Estado um ambiente de alto padrão no setor e promover o desenvolvimento igualitário em todas as regiões capixabas. No ano de 2012, quando o programa foi criado o governo traçou diversas metas, das quais os objetivos principais do PROEDES eram:

- Reestruturar o cenário competitivo em âmbito estadual e recolocar o Espírito Santo entre os estados brasileiros que mais recebem investimentos sejam eles privados, nacionais e globais;
- Dar suporte às empresas capixabas para que possam competir em nível de igualdade frente corporações de outros Estados;
- Dar prioridade aos segmentos mais fortes em tecnologia a fim de diversificar a economia capixaba.
- Priorizar a participação dos negócios localizados no estado nos fornecimentos às grandes cadeias produtivas, especialmente, energias alternativas, silvicultura, petróleo, gasoquímico, siderúrgico, naval e metal mecânico;
- Consolidar o Espírito santo como um importante polo regional no seguimento de comércio exterior;
- Tornar o Espírito Santo um estado com desenvolvimento sustentável.

A preocupação com a infraestrutura logística não se limita ao Estado do Espírito Santo, esse assunto possui relevância em todo o país. Não há dúvidas que o fomento da infraestrutura logística do agronegócio é essencial para estimular o desenvolvimento econômico brasileiro (VIEIRA FILHO, 2016).

Um dos principais gargalos do Estado é a BR 101 que falta duplicação em diversos trechos. Outra questão é a má qualidade do pavimento da BR 262. As empresas de transportes e o setor de logística são os que mais sofrem com essa problemática. A melhoria da qualidade das rodovias concedidas representa importante benefício econômico.

Apesar de sua importância para o desenvolvimento econômico do país, ao longo das últimas três décadas ocorreram um processo de obsolescência e deterioração da infraestrutura logística.

Ao se embasar em estudos realizados em meados de 2006 sobre o futuro da infraestrutura logística no estado do Espírito Santo, constata-se perspectivas promissoras comparado ao cenário da época do estudo. De acordo com o Plano de Desenvolvimento Espírito Santo 2025, o estado do Espírito Santo possuirá em 2025 um sistema de transportes e serviços logísticos de elevada qualidade e alto grau de mobilidade, acessibilidade e conectividade. Sendo resultado de ações/medidas integradas entre as várias instâncias de governo e as empresas, tanto para a superação dos grandes gargalos de infraestrutura logística, assim como para a melhoria significativa do sistema logístico endógeno de suporte aos arranjos e demais cadeias produtivas locais.

O Caparaó encontra-se em posição estratégica e privilegiada, o município de Guaçuí, por exemplo, está a 18 km da fronteira dos estados de Minas Gerais e Rio de Janeiro, próximo dos principais Centros Consumidores do país. A Logística é uma vocação regional, mas ainda existem muitos gargalos que dificultam o alavancar dessa região.

Analisando o presente ano de 2021, faltando praticamente menos de 4 anos para o ano projetado de 2025, é visível que o Espírito Santo ainda enfrenta diversas dificuldades para alcançar o promissor cenário projetado, ainda enfrentando barreiras que dificultam o progresso no desenvolvimento da infraestrutura logística do estado.

Desenvolvimento social em microrregiões

Quando pensamos em desenvolvimento sustentável de uma microrregião, é importante salientarmos que a logística de transportes e a infraestrutura logística são fatores primordiais no desempenho socioeconômico, a partir delas é possível o cumprimento do pilar econômico no desenvolvimento sustentável. A infraestrutura de transporte tem por objetivo fornecer direito ao acesso, tanto de veículos como de unidades organizacionais de transportes, a fim de munir de serviços para uso próprio ou para terceiros, mediante a cobrança de taxa de serviço, trazendo variados benefícios para a sociedade, como por exemplo, à disponibilidade de bens, à ampliação dos mercados, à concorrência, aos custos dos produtos, entre outros (BOWERSOX; CLOSS, 2007; CAIXETA FILHO; MARTINS, 2001). Ou seja, a partir da infraestrutura de transportes que pensaremos no desenvolvimento da microrregião do Caparaó, antes de qualquer coisa é de suma importância que façamos um diagnóstico do território que iremos analisar.

O desenvolvimento em infraestrutura pode ser lido como catalisador para o escoamento e crescimento dos potenciais do município e, ampliando o potencial econômico do município será concebível o equilíbrio entre economia, sociedade e o processo político apresentam-se como base da sustentabilidade de um país, já que um dos objetivos da economia de mercado seria, em princípio, estimular o crescimento econômico, de forma que os problemas sociais, especialmente a pobreza, pudessem ser minimizados, resultando em qualidade de vida para a população, emprego, estabilidade de preços, maiores oportunidades de educação e menores desigualdades de renda, desse modo, para diminuir a desigualdade competitiva entre as grandes, médias e microrregiões, Amado (1997) propõe políticas monetárias diferenciadas como por exemplo, taxas de juros, políticas de créditos e financiamentos dessemelhantes para diferentes regiões.

Ao final de 2011 entrou em vigor uma importante lei de autoria do governo do estado do Espírito Santo. A lei ordinária 9.768/2011, que discorre sobre a definição das Microrregiões, dentre elas a do Caparaó e as Macrorregiões de Planejamento no Estado do Espírito Santo, tendo diversas diretrizes importantes voltadas para estimular o desenvolvimento econômico e social em bases regionais e elevar a qualidade dos serviços prestados, visando principalmente à integração de planos, recursos físicos e financeiros e de ações em parceria com os demais níveis do Poder Público.

A importância das infraestruturas logísticas

Segundo Bowersox (2001), a logística existe para satisfazer às necessidades do cliente, facilitando as operações relevantes de produção. Isso significa que, uma vez praticada de forma eficiente, a logística de transportes é um dos caminhos para combater custos desnecessários e integrar todas as regiões e habitantes aos sistemas de produção e consumo estabelecidos.

Uma infraestrutura de suprimentos bem estruturada sempre foi vista como parte de grande importância para o desenvolvimento econômico (CALDERON; SERVEN, 2010). Os variados segmentos de infraestrutura são a base do desenvolvimento regional e da prestação de serviços públicos. Podemos associar o conceito de infraestrutura ao atendimento das necessidades de ambos, vida social e empresas.

Não obstante, quando nos referimos a infraestrutura logística é importante engajarmos esse conceito a ideia do Supply Chain Management (SCM) ou Gerenciamento da Cadeia de Suprimentos, que é a ''coordenação sistemática e estratégica das funções gerenciais tradicionais e das táticas entre elas dentro de uma empresa e, entre empresas, dentro da cadeia de suprimentos, para melhoria do desempenho de longo prazo das empresas separadamente e da cadeia como um todo'' (MENTZER et al., 2001, p. 18). No que tange a microrregião estadual, os elos da cadeia de suprimentos são bem aparentes tal como no mundo corporativo. O produtor rural quem produz a matéria prima transfere/vende para o próximo elo da cadeia que pode ser um feirante, que por sua vez terá que transportar o produto até os locais de feiras livres para atender o cliente final.

Nesse processo de transferência de um elo para o outro (união entre os elos) é o transporte, que por sua vez tem seus níveis de eficiência correlacionados com o nível de infraestrutura logística. Esse nível de qualidade é medido através de "diversas variáveis como a qualidade e materiais usados no asfalto, sinalização, geometria e estrutura da via e infraestrutura de apoio" (SLEIMAN; CRISTINA, 2017).

A partir dessas variáveis, podemos afirmar que terminantemente quanto maior for a qualidade e operacionalização dos materiais usados para formação da infraestrutura de transporte, a eficiência na intercepção dos elos da cadeia de suprimentos será maior, o que aumentará a eficácia dos resultados financeiros da microrregião e posteriormente do estado. Este é um demonstrativo da importância da infraestrutura logística, dado tal cenário podemos definir infraestrutura de transporte. As infraestruturas de transporte, seja qual for o modal utilizado, são definidas como o principal alicerce para as atividades relacionadas à logística (BARAT, 2009).

De acordo com o SEBRAE (2019), comparando-se a participação dos setores da região do Caparaó temos que o de comércio e serviços possui a maior representatividade no território, 32,8%. Em segundo lugar temos o setor público, representando um total de 31,7% da economia. Ambos os setores possuem uma forte participação no PIB da região, quase 60% e isso pode ser explicado pela forte presença da administração pública nos empregos formais. Estima-se que a diminuição dessa dependência de empregos na prefeitura somente poderá ocorrer com a ampliação da oferta de empregos no setor privado de forma contínua e qualificada.

De forma sustentável, a elaboração e aplicação de um plano regional de infraestrutura rodoviária para implantação, melhoria, recuperação e sinalização das rodovias que interligam os municípios do Caparaó será de suma importância para o ingresso de novas empresas privadas na região, visto que seu principal acesso se dá através das rodovias federais BR-262 ao norte do território e ao sul através da rodovia BR-101.

A infraestrutura Logística tem destaque no planejamento Estratégico do Governo do Espírito Santo 2019–2022, e é monitorada em nível estratégico por meio de gerenciamento intensivo coordenado diretamente pelo Governador do Estado. De acordo com o plano: Os desafios em relação à infraestrutura de transportes ainda são grandes e estão majoritariamente relacionados à qualidade das vias e à sua ampliação para possibilitar uma maior integração entre as microrregiões do Espírito Santo e aos demais Estados do país. Não por acaso, a maioria dos projetos prioritários da área de Infraestrutura para Crescer atendem principalmente a ampliação e modernização da estrutura rodoviária do Estado.

Infraestrutura logística no Caparaó

O estado do Espírito Santo é atualmente dividido em dez microrregiões. Nosso estudo está voltado para a região do Caparaó. Esse território faz divisa com os Estados de Minas Gerais e Rio de Janeiro, e conta com doze municípios situados no sudoeste do Espírito Santo, São eles: Alegre, Bom Jesus do Norte, Divino São Lourenço, Dores do Rio Preto, Guaçuí, Ibatiba, Ibitirama, Iúna, Irupi, Jerônimo Monteiro, Muniz Freire e São José do Calçado. As sedes de seus municípios estão à distância da capital do Estado que variam de 150 a 300 km aproximadamente.

Sua área é de 3.831,44 km², que representa 8,31% da extensão territorial do Estado do Espírito Santo. Sua população estimada em 2018 é de 187.236 habitantes, o que corresponde à 4,71% da população capixaba. O Índice de Desenvolvimento Humano médio da região é de 0,705 um pouco abaixo da média estadual que corresponde à 0,740.

O PIB levantado em 2016 pelo IBGE é de 3.013,33 Milhões de Reais, que representa 2,76% do PIB do Estado, com PIB per capita de R$ 16.640,26 (o menor do ES). Guaçuí tem o maior PIB da região (R$18.334,27) e o município de Ibatiba o menor (R$12.898,65) (IBGE, 2018). O setor de serviços corresponde à 64% do PIB setorial. Destacamos também que 97,03% das empresas são microempresas.

Os trabalhadores formais são celetistas, contratados, estatutários, diretores e temporários, totalizando 21 mil empregados na região, com média salarial de R$ 1.710,00 (FINDES, 2015). Guaçuí também é a cidade com mais empregos formais, segundo dados do IBGE 2018, em Guaçuí no ano anterior havia 4643 trabalhos formais, enquanto em Divino São Lourenço, foi registrado o menor número de empregos formais, com apenas 404 trabalhadores formais.

Em paralelo à questão de infraestrutura logística associada à Microrregião do Caparaó, tivemos acesso a um estudo no qual foram feitas perguntas por meio de um questionário realizado durante o segundo semestre de 2020. Foram aplicados 72 questionários com moradores diversos da microrregião do Caparaó. Esses questionários abordaram diferentes aspectos sobre a percepção dos moradores sobre a região em que residem.

Além dos questionários, foram utilizados também entrevistas em profundidade, que nos possibilitou extrair ainda mais informações sobre a real condição da infraestrutura logística do Caparaó.

Também foi consultado o relatório de demandas populares captadas durante o processo de realização das Audiências Públicas para elaboração do Orçamento 2021. Participaram 11 municípios e 83 participantes online. A área estratégica Infraestrutura para Crescer foi uma das mais destacadas. Entre as 18 propostas de melhorias de infraestrutura sugeridas, 14 ações estão ligadas à melhoria da Infraestrutura Rodoviária.

Infraestrutura Rodoviária

Em um dos trechos da entrevista feita com uma moradora do município de Guaçuí, ela relata o quão ruim são as estradas daquela região e que essa má qualidade está afetando diretamente o escoamento da produção: "O maior gargalo da maioria dos Municípios é a questão da estrada para fazer o escoamento de produção". E continua, "A (rodovia) Federal que a gente circula tá sendo muito bem conservada [...] Mas as (rodovias) estaduais precisam melhorar muito, por exemplo [...] vários trechos Estaduais que ligam Guaçuí à Muniz Freire, Muniz Freire à Iúna, Muniz Freire à Alegre, essa que corta Dores do Rio Preto e vai pra Ibitirama, é vergonhoso, [...] eu acho que é desrespeitoso para aqueles que moram na região, é desrespeitoso". (Fragmento 1, produtora rural).

Outro relato sobre o escoamento dos produtos: "O que mais dificulta um pouco o transporte de produtos e serviços é realmente a infraestrutura de estradas principalmente, estradas rurais as vezes impossibilitam, isso é um entrave muito forte em cada município" (Fragmento 2, agente de extensão em desenvolvimento rural do INCAPER).

Seguimos com mais um relato sobre a má qualidade das estradas, que prejudica também a cadeia do turismo, uma das mais promissoras da região: "O pavimento das estradas, o traçado das estradas, a capacidade de carga dessas estradas, porque transitam veículos muito pesados. Uma estradinha sem acostamento, estreita, cheia de curvas e de repente você dá de cara com uma carreta de eucalipto. [...] Nós temos deficiência e precisamos avançar." (Fragmento 3, Associação Turística Circuito Caparaó Capixaba)

Ao compararmos esses relatos com a pesquisa CNT de Rodovias de 2019 podemos afirmar com maior propriedade o tamanho descaso que há com as estradas brasileiras, inclusive na microrregião do Caparaó. Este relatório nos evidencia alguns dados sobre as estradas brasileiras, como, que apenas 12,4% das rodovias brasileiras são pavimentadas. Essa falta de pavimento adequado afeta diretamente o serviço de transportes em todo o Brasil, não sendo diferente no Caparaó.

Outro dado importante que a CNT traz é que apenas 11,9% das rodovias apresentam um estado geral classificado com bom. Além destas péssimas condições das estradas brasileiras, verifica-se que o custo operacional de transportes aumentou 28,5% em média, no Brasil, dado este de 2019.

De acordo com dados do DER (2009), o Estado possui 30.165 km de rodovias, porém apenas 3.089 km são pavimentados. Todas as rodovias são de pistas simples, o que introduz sérias restrições relativas à capacidade de transporte e segurança, dado o volume de tráfego, conforme estudos do Plano Diretor Rodoviário em elaboração.

Infraestrutura de Transportes

Outro aspecto que representa um entrave em relação às Infraestruturas Logística do Caparaó está relacionado à Infraestrutura de Transportes. Não há oferta de empresas de transporte na região e não há um plano de Mobilidade.

"Acho que a gente precisa avançar nessa questão de transporte para o desenvolvimento da região, essa infraestrutura de transporte da região, e a gente tem uma única empresa em condições às vezes até precárias para atender a região toda. [...] Além dos horários, os trajetos também são muito limitados" (Adriana Mello, agente de desenvolvimento local).

> Outro fator também é a questão do transporte coletivo, que é muito deficiente aqui na região também. Ônibus péssimos, horários horríveis, poucas empresas, serviço de baixa qualidade, não tem ar-condicionado. A regulação do setor do transporte coletivo interestadual e intermunicipal, permite a formação de monopólios de empresas, [...] isso acaba redundando em poucos ônibus e poucos trajetos, o que dificulta a vinda de turistas também (Fragmento 4, presidente da Associação Turística Circuito Caparaó Capixaba).
>
> Não tem transporte coletivo, esse é um grande desafio [...] A gente gostaria de implantar um sistema aqui na região, que o ônibus que sai de Guaçuí, ele passaria por Dores, Divino e Ibitirama. Seria estudado uma tecnologia de transporte para poder integrar a região com transporte coletivo, coisa que nós não temos (Fragmento 5, secretaria do esporte e turismo do município de Dores do Rio Preto).

A população é refém de poucas opções de mobilidade, sem um transporte digno e abrangente. A infraestrutura de transporte é peça chave para a integração dessas cidades, entre si e também aos grandes polos. O turismo fica limitado pois não há opções de transporte para acessar a região. A população depende de bicicletas, motos, carro e também de carona para conseguir se deslocar. Trata-se de mais um gargalo que prejudica a microrregião para atingir o desenvolvimento sustentável.

Conclusão

O Caparaó Capixaba é uma região de múltiplas potencialidades econômicas. Podemos destacar o café de qualidade e o turismo ecorural. Para tais projetos alavancarem é primordial a melhoria das infraestruturas logísticas dessa região, sobretudo das estradas, uma vez que acaba contribuindo para o recebimento de suprimentos, escoamento de produção e facilitando o fluxo de pessoas, fortalecendo, assim, as diversas cadeias produtivas da região (DRS 2021).

O investimento em infraestrutura é destacado como principal atividade recebedora de recursos para os anos 2018–2023. Segundo o Governo do Estado do Espírito Santo são planejados investir um montante de 444,2 milhões em projetos de Infraestrutura rodoviária, saneamento urbano, geração de energia elétrica, educação e segurança pública.

Espera-se que esses investimentos sejam cumpridos e que atendam às demandas mais urgentes da população. Até o ano 2018 apenas 3,9 milhões de reais em investimento foram concluídos, o que representa a pior microrregião em investimento e também em número de projetos. Um único projeto entregue, na área de Infraestrutura rodoviária, no município de Ibatiba. (IJSN 2018)

O Governo do Espírito Santo também propõe garantir que as rodovias federais que cortam o Espírito Santo tenham capacidade adequada ao fluxo de transporte de pessoas e de cargas e também dotar o estado de eixos rodoviários estratégicos que permitam as ligações entre suas microrregiões e essas com o restante do país. (Plano de Desenvolvimento do ES).

Desse modo, com infraestruturas logísticas mais modernas e que atendam às demandas da população, podemos pensar em uma região mais sustentável. Construindo um Caparaó mais moderno e desenvolvido, de forma participativa, colaborativa e organizada.

Esperamos que possamos contribuir com a pesquisa científica sobre o tema DRS e especialmente que essa leitura contribua com a promoção do Desenvolvimento Regional Sustentável nessa região tão promissora do nosso Estado.

REFERÊNCIAS

AGÊNCIA CNT TRANSPORTE ATUAL. Veja o ranking das principais rodoviárias do Brasil. **Confederação Nacional de Transportes**, [s. l.], 26 jan. 2018. Disponível em: https://www.cnt.org.br/agencia-cnt/veja-ranking-piores-ligacoes-rodoviarias-brasil. Acesso em: 1 ago. 2021.

ARAÚJO, R. F. **Sistema financeiro, crescimento econômico e desigualdades regionais no Espírito Santo**: uma análise espacial para os municípios. 2012. 105 f. Dissertação (Mestrado em Economia) – Universidade Federal do Espírito Santo, Vitória, 2012. Disponível em: https://repositorio.ufes.br/bitstream/10/2627/1/tese_4311_rodolfo%20fernandes_05_06.pdf. Acesso: 28 abr. 2021.

BARAT, J. **Planejamento das infraestruturas de logística e transporte**. Radar: produção, tecnologia e comércio exterior. Brasília: IPEA: Diretoria de Estudos Setoriais, 2009.

CALDERON, C.; SERVEN, L. **Infrastructure in Latin America**: Policy Research Working Paper 5317. [S. l.]: World Bank, 2010.

COSTA, M. S.; MARJOTTA-MAISTRO, M. C. Indicadores de qualidade da infraestrutura logística brasileira: um estudo para o agronegócio. **Revista Brasileira de Iniciação Científica**, Itapetininga, v. 4, n. 9, p. 67-82, 2017. Disponível em: https://periodicos.itp.ifsp.edu.br/index.php/IC/article/viewFile/599/818. Acesso em: 30 abr. 2021.

DEPARTAMENTO DE EDIFICAÇÕES E DE RODOVIAS DO ESTADO DO ESPÍRITO SANTO. **Plano estratégico de logística e de transportes do Espírito Santo**. Vitória: Departamento de Edificações e de Rodovias do Estado do Espírito Santo, 2009. v. 3. Componente Logístico

ESPÍRITO SANTO. Governo do Estado do Espírito Santo. **Planejamento Estratégico 2019–2022**. Vitória: Governo do Estado do Espírito Santo, [20--?].

ESPÍRITO SANTO. Governo do Estado do Espírito Santo. **Programa de Desenvolvimento Sustentável do Espírito Santo**. Vitória: Governo do Estado do Espírito Santo, [20--?].

ESPÍRITO SANTO. Governo do Estado do Espírito Santo. Secretaria de Economia e Planejamento. **Audiências Públicas**: Orçamento 2021. Vitória:

Governo do Estado do Espírito Santo: Secretaria de Economia e Planejamento, [2021]. Disponível em https://planejamento.es.gov.br/Media/sep/Audi%C3%AAncias%20P%C3%BAblicas/2021/Relat%C3%B3rio%20Audi%C3%AAncias%20P%C3%BAblicas%20LOA%202021.pdf. Acesso em: 24 nov. 2020

ESPÍRITO SANTO. Governo do Estado do Espírito Santo. Secretaria de Economia e Planejamento. Universidade Federal do Espírito Santo. Instituto Federal do Espírito Santo. Instituto Jones dos Santos Neves. **DRS**: Sumário Executivo: Microrregião Caparaó: parte da coletânea de resumo das microrregiões do estado do Espírito Santo. Vitória: 2021. Disponível em: http://www.ijsn.es.gov.br/component/attachments/download/7520. Acesso em: 25 ago. 2021.

ESPÍRITO SANTO. **Lei nº 9.768, de 26 de dezembro de 2011**. Dispõe sobre a definição das Microrregiões e Macrorregiões de Planejamento no Estado do Espírito Santo. Vitória, ES: Governo do Estado do Espírito Santo, 2011. Disponível em: http://www3.al.es.gov.br/legislacao/norma.aspx?id=29245#conteudo. Acesso em: 26 abr. 2021.

ESPÍRITO SANTO. Secretaria de Economia e Planejamento. **Plano de Desenvolvimento**. Vitória: Secretaria de Economia e Planejamento, 2006. Disponível em: https://planejamento.es.gov.br/plano-de-desenvolvimento-es-2025. Acesso em: 22 abr. 2021.

FONSECA, J. J. S. **Metodologia da pesquisa científica**. Fortaleza: UEC, 2002. Apostila

GIL, A. C. **Métodos e técnicas de pesquisa social**. 4. ed. São Paulo: Atlas, 1994

INSTITUTO JONES DOS SANTOS NEVES. **Espírito Santo 2030**: nota técnica: dinâmica demográfica e mobilidade social no Espírito Santo. Vitória: Instituto Jones dos Santos Neves, [20--?]. Cap. 2, p. 21.

INSTITUTO JONES DOS SANTOS NEVES. **Investimentos Anunciados e concluídos no Espírito Santo 2018–2023**. Vitória: Instituto Jones dos Santos Neves, 2019. Disponível em: http://www.ijsn.es.gov.br/component/attachments/download/6644. Acesso em: 25 ago. 2021.

INSTITUTO JONES DOS SANTOS NEVES. **Panorama das Microrregiões Capixabas (Caparaó)**. Disponível em: http://www.ijsn.es.gov.br/images/

files/projetos/desenvolvimento_regional/Panorama_Microrregiao_Caparao. pdf. Acesso em: 30 jul. 2021.

MARCHETTI, D. dos S.; FERREIRA, T. T. Situação atual e perspectivas da infraestrutura de transportes e da logística no Brasil. *In*: SOUSA, F. L. de. **BNDES 60 anos**: perspectivas setoriais. Rio de Janeiro: Banco Nacional de Desenvolvimento Econômico e Social, 2012. v. 2, p. 232-270.

MINAYO, M. C. S. (org.). **Pesquisa social**: teoria, método e criatividade. Petrópolis: Vozes, 2001.

PAZ, M. de F. **Um exame das potencialidades e limitações da estrutura logística como fator de competitividade para o Estado do Espírito Santo**. 2003. 88 f. Dissertação (Mestrado em Economia) – Universidade Federal de Pernambuco, Recife, 2003. Disponível em: https://repositorio.ufpe.br/handle/123456789/4197. Acesso: 28 abr. 2021.

REZENDE, S.; SALIMENA, C. A. S. F. Os Gargalos da Logística no Estado do Espírito Santo. **Revista Científica Multidisciplinar Núcleo do Conhecimento**, ano 1, v. 11, p. 260-280, dez. 2016. ISSN: 2448-0959.

SEBRAE. **Cartilha PDR Caparaó Capixaba – Programa Líder**. Vitória: Sebrae, 2019

TEIXEIRA, R.; LACERDA, D. P. Gestão da cadeia de suprimentos: análise dos artigos publicados em alguns periódicos acadêmicos entre os anos de 2004 e 2006. **Gest. Prod.**, v. 17, n. 1, 2010. Disponível em: https://www.scielo.br/scielo.php?script=sci_arttext&pid=S0104-530X2010000100016. Acesso em: 30 abr. 2021.

VIEIRA FILHO, J. E. R. Agricultura, transformação produtiva e sustentabilidade. In: VIEIRA FILHO, J. E. R. *et al.* (org.). **A fronteira agropecuária brasileira**: redistribuição produtiva, efeitos poupa-terra e desafios estruturais logísticos. Brasília: Ipea, 2016. p. 89-107.

ÍNDICE REMISSIVO

D

Desenvolvimento econômico 17, 21, 22, 26, 28, 29, 30, 35, 42, 44, 48, 50, 60, 117, 150, 151, 152, 159

Desenvolvimento regional 3, 4, 7, 11, 13, 15, 16, 17, 18, 20, 22, 44, 63, 84, 92, 99, 114, 115, 121, 122, 126, 142, 143, 144, 145, 147, 148, 149, 152, 157, 163, 164

Desenvolvimento regional sustentável 3, 4, 7, 11, 13, 15, 16, 17, 18, 44, 63, 84, 92, 99, 114, 115, 121, 122, 126, 142, 143, 144, 145, 147, 148, 149, 157, 163, 164

Desenvolvimento sustentável 4, 14, 15, 53, 97, 98, 142, 147, 149, 150, 151, 156, 158

E

Economia criativa 11, 15, 89, 90, 91, 92, 93, 94, 95, 96, 126, 165

Educação 3, 4, 11, 14, 17, 27, 28, 34, 45, 46, 49, 63, 64, 66, 67, 68, 71, 75, 76, 78, 79, 80, 82, 83, 84, 85, 86, 116, 121, 122, 123, 126, 130, 131, 132, 133, 148, 151, 156, 163, 164, 165

Estabelecimentos agropecuários 99, 100, 101, 103, 104, 105, 107, 109, 110, 112, 114

F

Fundos públicos 11, 15, 121, 122, 126, 127, 128, 129, 131, 142, 143

I

Infraestrutura logística 16, 147, 149, 150, 151, 152, 153, 154, 157

M

Meio ambiente 15, 45, 63, 97, 115, 116, 121, 124, 126, 127, 128, 131, 132, 133, 135, 138, 143, 144, 163, 164

Microrregião do caparaó 11, 15, 45, 46, 89, 92, 95, 97, 98, 99, 100, 101, 103, 104, 106, 107, 108, 109, 110, 111, 112, 113, 114, 115, 148, 151, 154, 155

P

Planejamento 3, 4, 11, 13, 14, 17, 20, 21, 22, 25, 26, 29, 30, 31, 32, 33, 35, 36, 37, 38, 39, 40, 41, 42, 43, 44, 55, 56, 68, 73, 76, 78, 87, 89, 103, 104, 142, 151, 153, 157, 158

Políticas públicas 13, 15, 17, 21, 26, 33, 45, 46, 48, 50, 51, 53, 56, 86, 90, 93, 98, 115, 131, 144

R

Recursos hídricos 47, 124, 126, 131, 132, 133, 135, 136, 137, 138, 144, 164

S

Serviços ambientais 126, 137, 140, 141, 142

SOBRE OS AUTORES

Arnaldo Henrique de Oliveira Carvalho
Licenciado em Ciências Agrícolas pela Universidade Federal Rural do Rio de Janeiro (1998). Mestre em Meio Ambiente e Sustentabilidade pelo Centro Universitário de Caratinga (2004). Doutorado em Produção Vegetal (Fitotecnia) pela Universidade Federal do Espírito Santo (2018). Professor do Instituto Federal de Educação, Ciência e Tecnologia do Espírito Santo — IFES (Campus Ibatiba). Tem experiência na área de educação como professor de Educação Ambiental, Ciências Ambientais, Diagnóstico e Gestão Ambiental, Indicadores de Sustentabilidade de Agroecossistemas, atuando principalmente nos seguintes temas: educação ambiental, agroecologia e sustentabilidade de agroecossistemas.

Camilla Queiroz Machado Pimentel
Graduada em Tecnologia em Logística pelo Instituto Federal do Espírito Santo (Ifes), campus Viana. Foi bolsista de Iniciação Científica do projeto Desenvolvimento Regional Sustentável.

Diones Augusto Ribeiro
Graduado, Mestre e Doutor em História (UFES). Tem experiência na área de História, com ênfase em História do Brasil República, atuando principalmente nos seguintes assuntos: Colonização; Espírito Santo; República Velha; História do Brasil República; Filosofia e Ensino; História do Direito; e História do Pensamento Econômico Brasileiro. É editor da revista Rumos da História e professor de História do Instituto Federal do Espírito Santo (Ifes), campus Centro-Serrano.

Emanuel Vieira de Assis
Graduado em Ciências Sociais (UFES); Especialista em Informática na Educação (Ifes) e Mestre em Ensino de Humanidades (Ifes).Atua como professor de Sociologia na Educação Básica e no Ensino Superior. Atuou como pesquisador para a área Agenda Social do Projeto Desenvolvimento Regional Sustentável.

Isabela Ariane Bujato
Graduada em Administração Pública (UNIFAL-MG); Bacharelado Interdisciplinar em Ciência e Economia (UNIFAL-MG) e mestre em Administração (UFES). Atualmente está como professora substituta no Departamento de Engenharia de Produção na Universidade Federal do Espírito Santo (2021-2).

Trabalhou como pesquisadora no Instituto Jones dos Santos Neves (IJSN), bem como na empresa Oppen Social (Vitória). Coordenou o processo de revisão final do Relatório do Arranjo 2, no Projeto Desenvolvimento Regional Sustentável.

João Vitor Coutinho Dias
Técnico em Logística (Ifes) e graduado em Tecnologia em Logística pelo Instituto Federal do Espírito Santo (Ifes), campus Viana. Atualmente trabalha em uma multinacional no setor operacional.

Luis Guilherme Velten Silva
Graduado em Tecnologia em Logística pelo Instituto Federal do Espírito Santo (Ifes), campus Viana.

Leonardo Bis dos Santos
Sociólogo (UFES), Especialista em Educação Ambiental (IFF); MBA em Gerenciamento de Projetos (FGV); Mestre em Políticas Sociais (UENF); Doutor em História (UFES). Professor do Instituto Federal de Educação, Ciência e Tecnologia do Espírito Santo — IFES (Campus Vitória), onde leciona no ensino técnico, na graduação e pós-graduação (Mestrado em Ensino de Humanidades — PPGEH). Lidera o Grupo de Estudos, Pesquisa e Extensão em Sociedade e Emancipação — GEPESE e é Pesquisador de Produtividade do Ifes PQ-2. Foi coordenador do projeto Desenvolvimento Regional Sustentável.

Maria Cláudia Lima Couto
Engenharia Civil (UFES), Mestre em Engenharia Ambiental (UFES) e Doutora em Saneamento, Meio Ambiente e Recursos Hídricos (UFMG). Atualmente é professora do Instituto Federal de Educação, Ciência e Tecnologia do Espírito Santo — Campus Vitória. Atua nas áreas de Gestão e Gerenciamento de Resíduos, Saneamento e tratamento de efluente.

Mariana Luz Patez
Socióloga (UFES) e Mestranda em Ensino de Humanidades (Ifes). Coordenou os estudos do Projeto Desenvolvimento Regional Sustentável para área de Educação.

Pedro Guedes Ribeiro
Possui graduação em Ciências Biológicas pelo Instituto Federal de Educação, Ciência e Tecnologia do Espírito Santo (2019). Tem experiência na área de Agronomia, com ênfase em agroecologia, atuando principalmente nos seguintes temas: plantas alimentícias não convencionais, agroecologia, expedição, ciência e tecnologia e soberania alimentar.

Robson Malacarne
Pós-doutor em Desconstrução e Sustentabilidade pela Universidade de Coimbra (Portugal). Doutor em Administração pela Universidade Presbiteriana Mackenzie (Brasil) e pela Universidade de Lisboa (Portugal). Professor do Ifes — Campus Viana. Colíder do Núcleo Poiein — Desconstrução, Economia Criativa e Sustentabilidade. Pesquisador do Grupo de Estudos, Pesquisa e Extensão em Sociedade e Emancipação — GEPESE. Coordenador de Pós-graduação e Extensão. Coordenador adjunto da Pesquisa Desenvolvimento Regional Sustentável (IJSN/Ufes/Ifes) — Arranjo 2; Professor do Programa de Pós-Graduação em Ensino de Humanidades do Ifes (PPGEH).

SOBRE O LIVRO
Tiragem: 1000
Formato: 16 x 23 cm
Mancha: 12,3 x 19,3 cm
Tipologia: Times New Roman 10,5 | 11,5 | 13 | 16 | 18
Arial 8 | 8,5
Papel: Pólen 80 g (miolo)
Royal Supremo 250 g (capa)